PONS

ENGLISCH FÜR ZWISCHENDURCH

von
Birgit Piefke-Wagner

PONS GmbH
Stuttgart

PONS

Englisch für Zwischendurch

Sprachtraining für Anfänger
Üben, wiederholen, fit bleiben

von
Birgit Piefke-Wagner

3. Auflage 2016

Redaktion: Brian Wolfe
Logoentwurf: Erwin Poell, Heidelberg
Logoüberarbeitung: Sabine Redlin, Ludwigsburg
Einbandgestaltung: Anne Helbich, Stuttgart
Layout: Petra Michel, Gestaltung & Typografie, Bamberg
Satz: Tebitron, Gerlingen
Druck und Bindung: AZ Druck und Datentechnik GmbH, Kempten

ISBN: 978-3-12-562824-3

Zu diesem Buch

Sie wollen Ihre Englischkenntnisse auffrischen, ein bisschen trainieren oder vorhandenes Wissen festigen?

Dann ist das *PONS Englisch für zwischendurch* genau das Richtige für Sie! Jede Übung in diesem Buch ist eine **optimale, überschaubare Lernportion** und **in 10 Minuten** machbar - ideal für zwischendurch oder wenn Ihre Zeit mal etwas knapper ist.

Wiederholen und üben Sie also in mehr als **70 abwechslungsreichen Übungen** die wichtigsten Themen der englischen Sprache.

Je nach Schwierigkeitsniveau wird jede Übung mit einem bzw. zwei Sternchen gekennzeichnet: Mit einem Sternchen wird auf ein einfacheres, mit zwei auf ein anspruchsvolleres Niveau hingewiesen.

Außerdem sind alle Übungen einem von vier Bereichen zugeordnet, die Sie an ihrem Symbol erkennen können:

- § Grammatik
- ABC Wortschatz
- Kommunikation
- Land und Leute

Die Übungen sind nach dem **„verdeckten Doppelseitenprinzip"** erstellt, d. h. die Übungen stehen immer auf einer rechten Seite. Wenn Sie einmal umblättern, finden Sie gleich auf der Rückseite die **Lösungen** und **zusätzliche Informationen** zum Thema, wie z. B. Wortschatz, Warnhinweise, Aussprachehilfen und Tipps.

Viel Erfolg beim Englischlernen wünscht Ihnen

Ihr PONS Redaktionsteam

Inhalt

10 Minuten Training

Inhalt

10 Minuten Training

1 Family

a Wie heißt das passende weibliche oder männliche Gegenstück?*

Das richtige Wort steht mit vertauschten Buchstaben hinter der Linie.

1. uncle ____________ TUNA
2. niece ____________ PWENEH
3. son ____________ REGHATUD
4. wife ____________ SUBDNAH

b Ordnen Sie die Familienbezeichnungen richtig zu.*

1. mother-in-law	___	**A** Stiefmutter
2. sister-in-law	___	**B** Großtante
3. great-aunt	___	**C** Schwägerin
4. stepmother	___	**D** Schwiegermutter

c Nennen Sie die richtigen Familienbezeichnungen.**

1. Tom's brother has a daughter, Liv. She's Tom's ____________ .
2. My sister's husband is my ____________ .
3. Dad's sister has two sons. They're my ____________ .

1 Familie und Beziehungen

ABC

Kernfamilie und engere **Verwandtschaft**

mother, father	*Mutter, Vater*
grandmother, grandfather	*Großmutter, Großvater*
sister, brother	*Schwester, Bruder*
daughter, son	*Tochter, Sohn*
parents, grandparents	*Eltern, Großeltern*
aunt, uncle	*Tante, Onkel*
niece, nephew	*Nichte, Neffe*
cousin	*Cousin, Cousine*

Angeheirateten Verwandten wird ein **in-law** angehängt:
mother-in-law, **brother-in-law** etc.
Stiefverwandtschaft wird ein **step-** vorangestellt:
stepfather, stepdaughter etc.

ABC

Weitere nützliche **Familienwörter**

wife, husband	*Ehefrau, Ehemann*
engaged, married, divorced	*verlobt, verheiratet, geschieden*
fiancé, fiancée	*Verlobter, Verlobte*
twin sister, twin brother	*Zwillingsschwester, -bruder*
relative	*Verwandte/r*

LÖSUNGEN:

a) **1.** aunt, **2.** nephew, **3.** daughter, **4.** husband; b) **1.** d, **2.** c, **3.** b, **4.** a; c) **1.** niece, **2.** brother-in-law, **3.** cousins

2 To be or not to be!

a Vervollständigen Sie die Sätze.*

is - are - is - are - are - is - am - are

1. I ________ German.
2. You ________ a good friend.
3. He ________ young.
4. She ________ my sister.
5. It ________ in my office.
6. We ________ from Sweden.
7. You ________ too loud.
8. They ________ late.

b Setzen Sie verneinte Kurzformen von **be** im **present simple** ein.**

1. Nick and I are friends. We ________ married.
2. Look at the cat. ________ it cute?
3. Zoe can't come. She ________ feeling well.
4. I know, you ________ happy with the result.
5. This is the truth. I ________ lying.
6. Where is Peter? He ________ online.
7. You can't tell the children. They ________ old enough.
8. Sorry, boys, but you ________ on my list.

2 Das Verb *be*

Zeiten	bejaht	verneint
present simple	am, are, is	am not, aren't, isn't
past simple	was, were	wasn't, weren't
present perfect	have been, has been	haven't been, hasn't been
past perfect	had been	hadn't been
will-future	will be	won't be

Das Verb **be** kann Vollverb sein. Es ist dann das einzige Verb im Satz.

Dad **is** tired. — *Papa ist müde.*

The food **was** excellent. — *Das Essen war ausgezeichnet.*

Have you ever **been** to Munich? — *Warst du schon mal in München?*

Das Verb **be** wird auch zur Bildung des **present continuous** benutzt (Form von **be** + **ing**-Form).

What **are** you **doing**? – I**'m watching** a film and Joe **is reading**.

Was machst du gerade? – Ich schaue einen Film und Joe liest.

Und zur Bildung des Passivs wird das Verb **be** ebenfalls benötigt (Form von **be** + 3. Form).

Jeans **are made** of cotton. — *Jeans werden aus Baumwolle hergestellt.*

Our church **was built** in 1675. — *Unsere Kirche wurde 1675 gebaut.*

LÖSUNGEN:

a) **1.** am, **2.** are, **3.** is, **4.** is, **5.** is, **6.** are, **7.** are, **8.** are; b) **1.** aren't, **2.** Isn't, **3.** isn't, **4.** aren't, **5.** 'm not, **6.** isn't, **7.** aren't, **8.** aren't

3 Have or has?

a Setzen Sie **have** oder **has** ein.*

1. The Hansons ____________ a really nice dog.
2. Do you ____________ a pet?
3. The German football team ____________ a great goalkeeper.
4. Young people ____________ a lot of energy.
5. Nick ____________ a problem.
6. Does Linda ____________ a driving licence?
7. Mrs Bush doesn't ____________ a garden.

b Wählen Sie aus der Box die richtige Zeitform von **have** aus. Die unterstrichenen Signalwörter geben Ihnen einen Tipp.**

have had – had – will have – have

1. We ____________ a great time yesterday.
2. ____________ you ever ____________ an accident?
3. Did Rita ____________ the grandchildren last weekend?
4. I know you ____________ a lot of fun.

3 Das Verb *have*

Have ist ein unregelmäßiges Vollverb (**have-had-had**).

1. Das **present simple** von **have** lautet:

I, you, we, you, they → **have**
he, she, it → **has**

Verneinte Sätze brauchen ein **don't** oder **doesn't**.

I don't have any money.	*Ich habe kein Geld.*
Joe doesn't have a computer.	*Joe hat keinen Computer.*

Fragen beginnen mit **Do ...?** oder **Does ...?**

Do you have a ticket?	*Hast du ein Ticket?*
Does the hotel have a pool?	*Hat das Hotel einen Swimmingpool?*

2. Das **past simple** von **have** lautet:

We had a problem.	*Wir hatten ein Problem.*
I didn't have a clue.	*Ich hatte keine Ahnung.*
Did you have enough money?	*Hattest du genug Geld?*

§

Have wird auch als Hilfsverb gebraucht

- zur Bildung des **present perfect** (have/has + 3. Form):
  I have just brushed my teeth. *Ich habe gerade meine Zähne geputzt.*
- zur Bildung des **past perfect** (had + 3. Form):
  I had brushed my teeth before I went to bed.
  Ich hatte meine Zähne geputzt, bevor ich ins Bett ging.

LÖSUNGEN:

a) **1.** have, **2.** have, **3.** has, **4.** have, **5.** has, **6.** have, **7.** have; b) **1.** had, **2.** Have (you ever) had, **3.** have, **4.** will have

4 What's the date today?

a Schreiben Sie die Zahlen aus der Wortschlange als Ziffer.*

thirteentwenty-eightsixtytwelveone
nineteenseventyelevenfourteen

1. ________ **2.** ________ **3.** ________
4. ________ **5.** ________ **6.** ________
7. ________ **8.** ________ **9.** ________

b Wo steht die richtige Ziffer?*

1. the fortieth ☐ **A** 14 ☐ **B** 40. ☐ **C** 14. ☐ **D** 44

2. the sixty-second ☐ **A** 26 ☐ **B** 26. ☐ **C** 62. ☐ **D** 16

3. three point five ☐ **A** 35 ☐ **B** 3.50 ☐ **C** 305 ☐ **D** 3.5

c Wie lautet das englische Datum?**

1. Februar ________________

22. März ________________

12. Mai ________________

30. Juli ________________

23. Dezember ________________

4 Zahlen und Datum

Die Zahlen ab 21 bis 99 werden mit einem Bindestrich geschrieben.
21 - **twenty-one**

Die Zahlen ab 100 erhalten vor der Zehnerzahl ein gesprochenes **and.**
126 - **one hundred and twenty-six**

Die Zahlen ab 1 000 werden mit Komma geschrieben. Das deutsche Komma bei Dezimalzahlen hingegen wird im Englischen durch einen Punkt ersetzt.

1,000 - one thousand	*eintausend*
1.043 - one point oh four three	*eins Komma null vier drei*
auch: one point zero four three	

ABC

Besondere Schreibweisen bei **Ordnungszahlen**

the first (1st)	*der erste*
the second (2nd)	*der zweite*
the third (3rd)	*der dritte*

Das Datum

geschrieben:	16th July 1998
gesprochen:	**the** sixteenth **of** July, nineteen ninety-eight
geschrieben:	2015
gesprochen:	two thousand and fifteen/twenty fifteen

LÖSUNGEN:

a) **1.** 13, **2.** 28, **3.** 60, **4.** 12, **5.** 1, **6.** 19, **7.** 70, **8.** 11, **9.** 14; b) **1.** b., **2.** c., **3.** d.;
c) 1st February, 22nd March, 12th May, 30th July, 23rd December

5 Nice to meet you

a Diese Fragen und Sätze sind beim Kennenlernen nützlich. Verbinden Sie die passenden Hälften.*

1. May I introduce	___	**A**	meet you.
2. What's your	___	**B**	Munich.
3. Where are	___	**C**	you to my wife, Mandy?
4. I'm from	___	**D**	you from?
5. Nice to	___	**E**	from Poland?
6. Are you	___	**F**	name?

b Wie antwortet man auf die folgenden Aussagen?*

1. How are you?
- **A** ☐ I'm fine, thank you.
- **B** ☐ Good.
- **C** ☐ I'm from Germany.

2. Nice to meet you.
- **A** ☐ Yes, thank you.
- **B** ☐ Nice to meet you, too.
- **C** ☐ No, thank you.

3. Have a nice day.
- **A** ☐ OK, that's right.
- **B** ☐ How are you?
- **C** ☐ Thank you. You, too.

5 Sich kennenlernen, begrüßen und verabschieden

Zur Begrüßung sagt man:
Hi, Hello, Good morning/evening. *Hi, Hallo, Guten Morgen/Abend.*

Für Guten Tag sagt man **Good morning** oder **Good afternoon.**

Ergänzend können Sie sagen:

How are you?	Antwort:	I'm fine, thank you.
Wie geht's?		*Mir geht's gut. Danke.*

Zur Abschied sagt man:
Bye, Bye bye, Goodbye, See you later/tomorrow/next week.
Tschüs, Auf Wiedersehen, Bis später/morgen/nächste Woche.

Ergänzend können Sie sagen:

Have a nice day.	Antwort:	Thank you. You, too.
Einen schönen Tag!		*Danke, dir/Ihnen auch.*
Enjoy yourself.	Antwort:	Thank you.
Viel Spaß!		*Danke.*

You're welcome heißt nicht *Du bist willkommen/Sie sind willkommen,* sondern *Bitte, gern geschehen.*

LÖSUNGEN:

a) **1.** C, **2.** F, **3.** D, **4.** B, **5.** A, **6.** E; b) **1.** a), **2.** b), **3.** c)

6 Great Britain or United Kingdom?

a Welche vier Landesteile gehören zum Vereinigten Königreich Großbritannien und Nordirland?*

London - Scotland - Ireland - Wales - Northern Ireland - England

1. ____________ **2.** ____________ **3.** ____________

4. ______________________________

b Zu welchem Land gehören diese Hauptstädte?*

1. Cardiff is the capital of ____________

2. Edinburgh is the capital of ____________

c Welche Inselgruppe gehört nicht zu Großbritannien?*

1. ☐ Faeroe Islands **2.** ☐ Shetland Islands

3. ☐ Orkney Islands

d Nennen Sie die Einwohner des Landes.**

1. The ______________ live in Wales.

2. The ______________ live in Scotland.

6 Großbritannien

Great Britain bezeichnet nur die Hauptinsel mit den früher unabhängigen Ländern **England, Wales** und **Scotland**.

Die korrekte Landesbezeichnung ist:
The United Kingdom of Great Britain and Northern Ireland (UK)
Vereinigtes Königreich Großbritannien und Nordirland,
und umfasst England (Hauptstadt London), Wales (Hauptstadt Cardiff), Scotland (Hauptstadt Edinburgh), Northern Ireland (Hauptstadt Belfast).

Folgende Inseln gehören zum Vereinigten Königreich:
Shetland Islands and **Orkney Islands**
(in the North Sea north of Scotland)
Outer Hebrides and Inner Hebrides
(in the Atlantic Ocean west of Scotland)
Scilly Islands (in the Celtic Sea southwest of England)
Anglesey (in the Irish Sea north of Wales)

Die einzige **Landgrenze** des Vereinigten Königreichs ist die Grenze zwischen Nordirland und Irland **(Republic of Ireland)**. Sie ist 360 km lang.

LÖSUNGEN:

a) **1.** England, **2.** Wales, **3.** Scotland, **4.** Northern Ireland; b) **1.** Wales, **2.** Scotland; c) **1.** Faeroe Islands (Denmark); d) **1.** Welsh, **2.** Scots

7 What's the time?

a Verbinden Sie die richtigen Uhrzeiten miteinander.*

1. 9:45 ___ **A** It's half past nine.

2. 9:55 ___ **B** It's quarter past nine.

3. 9:30 ___ **C** It's five to ten.

4. 8:45 ___ **D** It's half past eight.

5. 9.15 ___ **E** It's nine o'clock.

6. 9:00 ___ **F** It's quarter to ten.

7. 8:30 ___ **G** It's quarter to nine.

b Wie spät ist es?*

1. It's ______________.

2. It's ______________.

3. It's ______________.

4. It's ______________.

7 Die Uhrzeit

So fragt man nach der Uhrzeit:
What's the time? oder: **What time is it?**

Die Uhrzeit darf auch digital gelesen werden. Das ist einfacher. Man spricht zuerst die Zahl **vor** dem Doppelpunkt (oder Punkt), dann die Zahl **nach** dem Doppelpunkt (oder Punkt), z. B.:

7:55 - **seven fifty-five** 10:23 - **ten twenty-three**

clock - *Uhr* aber: **watch** - *Armbanduhr*

Die englische Uhrzeit kennt nur 2 x 12 Stunden, und nicht 24 Std. Will man genau sein und Verwechslungen vermeiden, benutzt man bei der digitalen Sprech- und Schreibweise

a.m. für alle Uhrzeiten von 00:00 - 11:59
z. B. 7:45 Uhr: → 7:45 (seven forty-five) **a.m.**

p.m. für alle Uhrzeiten von 12:00 - 23:59
z. B. 14:30 Uhr: → 2:30 (two thirty) **p.m.**

Das ist vor allem bei Abfahrtszeiten und Verabredungen nützlich!

LÖSUNGEN:

a) **1.** f, **2.** c, **3.** a, **4.** g, **5.** b, **6.** e, **7.** d; b) **1.** one o'clock/one a.m. oder one p.m., **2.** half past six/six thirty a.m. oder six thirty p.m., **3.** quarter past three/three fifteen a.m. oder three fifteen p.m., **4.** five to eleven/ten fifty-five a.m. or ten fifty-five p.m.

8 *He, she, it* – das s muss mit!

a Wie heißt es richtig im **present simple**?*

1. er schreibt → ☐ **A** he write ☐ **B** he writes ☐ **C** he is writing
2. sie nehmen → ☐ **A** she takes ☐ **B** they takes ☐ **C** they take
3. wir gehen → ☐ **A** we go ☐ **B** we goes ☐ **C** we are going

b Setzen Sie das Verb im **present simple** ein. Verwenden Sie bei verneinten Sätzen die Kurzform (**don't** oder **doesn't**).**

1. I ________________ (not like) science fiction films.
2. Sandra ________________ (work) in a hospital.
3. Our ferry ________________ (depart) at 4:30.
4. When ____________ the train ____________ (arrive)?
5. ____________ your son ____________ (collect) stickers?
6. Nina ________________ (not take) piano lessons.
7. ____________ you ____________ (have) a good recipe?
8. I sometimes ________________ (work) overtime.
9. Oh, no! My computer ________________ (not work).
10. Young people ________________ (not want) advice.

8 Das *present simple*

Das **present simple** wird benutzt für Handlungen, die regelmäßig/ aus Gewohnheit/immer wieder geschehen.

Es wird gebildet mit der Grundform des Verbs:

I, you, we, you, they → **eat**
he, she, it → **eats**

He, she, it – das **s** muss mit!

Verneinung:

I, you, we, you, they → **don't eat**
He, she, it → **doesn't eat**

Frage:

Do you eat pizza? *Isst du/Essen Sie Pizza?*
Does he/she/it eat pizza? *Isst er/sie/es Pizza?*

Mit dem **present simple** werden oft Häufigkeitsadverbien benutzt: **always, never, sometimes, usually** und **often**.

We often go for a swim. *Wir gehen oft schwimmen.*
Sam never smokes at home. *Sam raucht nie zu Hause.*

LÖSUNGEN:

a) **1.** b), **2.** c), **3.** a); b) **1.** don't like, **2.** works, **3.** departs, **4.** does ... arrive, **5.** Does ... collect, **6.** doesn't take, **7.** Do ... have, **8.** work, **9.** doesn't work, **10.** don't want

9 What do you usually do?

a Finden Sie fünf Häufigkeitsadverbien in der Wortschlange und setzen Sie sie neben das entsprechende deutsche Wort.*

n e v e r a l w a y s s o m e t i m e s u s u a l l y o f t e n

1. ____________________ immer
2. ____________________ oft
3. ____________________ normalerweise
4. ____________________ nie
5. ____________________ manchmal

b Beschreiben Sie mit den Wörtern in der Box einen Alltag.**

never have – usually get up at – always read – often go – sometimes walk to

1. I ____________________ six o'clock in the morning.
2. I ____________________ breakfast, just a cup of coffee.
3. I ____________________ the office.
4. I ____________________ my e-mails first.
5. I ____________________ home before five o'clock.

9 Häufigkeitsadverbien für den Alltag

Die Häufigkeitsadverbien **always, never, often, sometimes** und **usually** helfen, den Alltag und unsere Gewohnheiten zu beschreiben. Nützlich sind auch folgende Verbindungen:

every day/Monday/summer etc.	*jeden Tag/Montag/Sommer etc.*
from time to time	*von Zeit zu Zeit, manchmal*
once a year	*einmal im Jahr*
twice a week	*zweimal in der Woche*

Benutzen Sie das **present simple**, um über Ihren Alltag und Ihre Gewohnheiten zu sprechen!

I cook for my family every day.
Ich koche jeden Tag für meine Familie.

From time to time we go to a restaurant.
Manchmal gehen wir in ein Restaurant.

Once a year we have a big family meeting.
Einmal im Jahr haben wir ein großes Familientreffen.

I go jogging twice a week.
Ich gehe zweimal in der Woche joggen.

LÖSUNGEN:

a) **1.** always, **2.** often, **3.** usually, **4.** never, **5.** sometimes; b) **1.** usually get up at, **2.** never have, **3.** sometimes walk to, **4.** always read, **5.** often go

10 What are they doing at the moment?

1

2

3

4

Was tun die Menschen gerade? Und was tun sie nicht?
Füllen Sie die Lücken mit dem **present continuous**.*

1. Donald ______________ (surf) the internet.

He ______________ (not work) on the computer.

2. Sue ______________ (write) a letter.

She ______________ (not do) her homework.

3. Mario ______________ (read) the newspaper.

He ______________ (not read) his e-mails.

4. Josh and Sarah ______________ (talk) in a pub.

They ______________ (not laugh).

10 Das *present continuous*

Das **present continuous** wird für Aktivitäten benutzt, die man jetzt gerade tut. Es wird so gebildet:

eine Form von **be (am/are/is)** + Verb + **ing**
Die Form von **be** wird dabei oft in der Kurzform benutzt:

I'm talking on the phone.	*Ich spreche gerade am Telefon.*
You're talking ...	*Du sprichst gerade ...*
He's, she's, it's talking ...	*Er, sie, es spricht gerade ...*
We're talking ...	*Wir sprechen gerade ...*
You're talking ...	*Ihr sprecht gerade ...*
They're talking ...	*Sie sprechen gerade ...*

Die Verneinung im **present continuous**:

Die verneinte Form von **be (am not/are not/is not)** + Verb + **ing**
Auch hier wird meistens die Kurzform benutzt.

I'm not watching the news, I'm watching a film.
Ich schaue nicht die Nachrichten, ich schaue einen Film.

Das **present continuous** wird auch für Aussagen in der Zukunft gebraucht, und zwar, wenn es sich um fest geplante Aktionen handelt:

Tina and Dave are marrying next Saturday.
Tina und Dave heiraten nächsten Samstag.

LÖSUNGEN:

1. is surfing; is not/'s not/isn't working, **2.** is writing; is not/'s not/isn't doing, **3.** is reading; is not/'s not/isn't reading, **4.** are talking; are not/'re not/aren't laughing

11 Say what you can see

a Beschreiben Sie das Bild mit Hilfe des **present continuous**.*

1. Two young people ______________ (watch) TV.
2. They ______________ (have) fun.
3. Both of them ______________ (wear) white T-shirts.
4. The woman ______________ (hold) a mug in her hand.

b Ordnen Sie die Präpositionen den richtigen Übersetzungen zu.*

unter - vor - hinter - gegenüber - neben - zwischen

1. next to ______________
2. between ______________
3. under ______________
4. opposite ______________
5. in front of ______________
6. behind ______________

11 Wie man ein Bild beschreibt

Für eine Bildbeschreibung gibt es drei Tipps.

Benutzen Sie für die Beschreibung von **Aktivitäten** auf Bildern und Fotos immer das **present continuous**.

Two people are sitting on a red sofa.
Zwei Menschen sitzen auf einem roten Sofa.
A picture is hanging next to the door.
Neben der Tür hängt ein Bild.

Benutzen Sie Präpositionen, um den **Ort** zu beschreiben.

ABC

in the background	*im Hintergrund*	on the right	*rechts*
in the foreground	*im Vordergrund*	on the left	*links*
in the middle	*in der Mitte*		

Wechseln Sie die Satzmuster. Benutzen Sie folgende **Satzanfänge**, um Personen und Gegenstände zu benennen.

There is .../There are ...	*Es gibt* ... (für Sing. und Plural)
I can see .../You can see ...	*Ich/Man kann ... sehen.*

LÖSUNGEN:

a) **1.** are watching, **2.** are having, **3.** are wearing, **4.** is holding; b) **1.** neben, **2.** zwischen, **3.** unter, **4.** gegenüber, **5.** vor, **6.** hinter

12 Let's celebrate!

a Ergänzen Sie die fehlenden Buchstaben für die Festtage.*

1. Pfingsten W___ i t s ___ n

2. Silvester N___ ___ Y ___ ___ r' ___ E___ ___

3. Heiligabend C___ r ___ ___ t m ___ ___ E___ ___

4. Ostern E___ s ___ ___ r

5. 1. Weihnachtstag C___ ___ ___ s ___ ___ ___ s D ___ y

6. 2. Weihnachtstag B___ x ___ ___ g D___ ___

b Finden Sie waagerecht die englischen Begriffe für die Wörter. Achtung! Im Buchstabenrätsel stehen sie in anderer Reihenfolge.**

1. Geburtstag ____________ **2.** Taufe ____________

3. Hochzeit ____________ **4.** Jahrestag ____________

T	I	B	A	N	N	I	V	E	R	S	A	R	Y	A
K	L	E	D	U	B	A	P	T	I	S	M	O	N	A
N	E	W	E	D	D	I	N	G	L	A	N	C	E	R
H	E	R	A	P	P	U	B	I	R	T	H	D	A	Y

12 Feiertage und Feste

In Großbritannien sind viele Festtage den deutschen Festtagen gleich:

New Year's Day	*Neujahr*
Good Friday	*Karfreitag*
Easter	*Ostern*
Christmas Day	*1. Weihnachtstag*
Boxing Day	*2. Weihnachtstag*

ABC

Das **Eve** ist eine Abkürzung von **evening** - *Abend.*

Christmas Eve - der Abend vor Weihnachten - *Heiligabend*
New Year's Eve - der Abend vor dem neuen Jahr - *Silvester*

Zusätzlich sind in Großbritannien **bank holidays** Feiertage, an denen Banken, Behörden und z. T. auch Läden geschlossen bleiben:

Early May Bank Holiday	1. Montag im Mai
Spring Bank Holiday	letzter Montag im Mai
August Bank Holiday	letzter Montag im August

Und wenn z. B. die Weihnachtsfeiertage auf ein Wochenende fallen, dann sind die folgenden Werktage arbeitsfrei.

LÖSUNGEN:

a) **1.** Whitsun, **2.** New Year's Eve, **3.** Christmas Eve, **4.** Easter, **5.** Christmas Day, **6.** Boxing Day; b) **4.** anniversary, **2.** baptism, **3.** wedding, **1.** birthday

13 I love cooking! Cooking is fun!

a Setzen Sie ein **gerund** ein.*

1. I love ______________ (write) postcards.
2. Mat hates ______________ (argue).
3. We don't like ______________ (play) cards.
4. Do you like ______________ (bake)?
5. We love ______________ (listen) to classic music.
6. I hate ______________ (talk) about politics.

b Sprechen Sie über Hobbies oder andere Aktiviten im **gerund**.*

1. ______________ (play) the piano is wonderful.
2. ______________ (take) photos is my favourite activity.
3. ______________ (travel) is a lot of fun!
4. ______________ (draw) comics is my hobby.
5. ______________ (swim) in the sea is great.
6. ______________ (watch) snooker is boring.
7. ______________ (clean) shoes is not fun!

13 Vorlieben und Abneigungen ausdrücken

Mit den Verben **love, like** und **hate** kann man Vorlieben und Abneigungen ausdrücken:

I love English pubs.	*Ich liebe englische Kneipen.*

Möchte man eine Vorliebe oder Abneigung für eine Aktivität ausdrücken, braucht man ein **gerund** (Verb + ing).
Im Deutschen gibt es dafür mehrere Übersetzungen:

I like jogging.	*Ich mag das Joggen.*
	Mir gefällt es zu joggen.
	Ich jogge gern.

Mit einem **gerund** kann man auch einen Satz beginnen. Vorlieben und Abneigungen drückt man dann mit Adjektiven aus.

Playing darts	is fun.	*Darts spielen*	*macht Spaß.*
	is interesting.		*ist interessant.*
	is fascinating.		*ist faszinierend.*
	is not difficult.		*ist nicht schwer.*
Working overtime		*Überstunden machen*	
	is terrible.		*ist schrecklich.*
	is not fun.		*macht keinen Spaß.*
	is bad.		*ist schlecht.*

LÖSUNGEN:

a) **1.** writing, **2.** arguing, **3.** playing, **4.** baking, **5.** listening, **6.** talking; b) **1.** Playing, **2.** Taking, **3.** Travelling, **4.** Drawing, **5.** Swimming, **6.** Watching, **7.** Cleaning

14 Are you interested in learning languages?

a Welche Präposition ist korrekt?**

1. Robert is interested **in/for/with** playing chess.
2. I'm afraid **of/in/by** staying alone at home.
3. Thank you **for/with/on** inviting us.
4. We are looking forward **on/to/at** seeing you.
5. Our boss is tired **on/at/of** explaining the procedure.
6. Dana is thinking **about/over/on** looking for a new job.
7. I'm used **of/about/to** getting up very early.

b Vervollständigen Sie die englischen Wendungen.*

1.	Ich interessiere mich für ...	I'm ______________ in ...
2.	Wir haben es satt ...	We're ______________ of ...
3.	Nick is es gewohnt ...	Nick is ______________ to ...
4.	Ich denk darüber nach ...	I'm ______________ about ...
5.	Sue hat Angst vor ...	Sue is ______________ of ...
6.	Ich freue mich ...	I'm ________ ________ to ...

14 *Gerund* nach bestimmten Wendungen

Es gibt einige Verben und Wendungen im Englischen, nach denen ein **gerund** steht, wenn es um Aktivitäten geht.

Diese Verben lernt man am besten auswendig.

He enjoyed watching the dolphins.	*Er genoss es, die Delphine zu beobachten.*
We never go shopping on Saturdays.	*Wir gehen nie samstags einkaufen.*
Stop crying, please.	*Hör auf zu weinen, bitte.*

Diese Wendungen lernt man am besten auswendig.
Achten Sie auch auf die Präpositionen!

I'm looking forward to hearing from you again.	*Ich freue mich, wieder von dir zu hören.*
We're interested in meeting you.	*Wir würden Sie gerne treffen.*
He's afraid of flying.	*Er hat Angst vorm Fliegen.*
I'm used to having breakfast.	*Ich bin es gewohnt zu frühstücken.*

LÖSUNGEN:

a) **1.** in, **2.** of, **3.** for, **4.** to, **5.** of, **6.** about, **7.** to; b) **1.** interested, **2.** tired, **3.** used, **4.** thinking, **5.** afraid, **6.** looking forward

15 I love gardening!

a Finden Sie waagerecht 8 englische Gartenwörter.*

d	e	l	a	f	l	o	w	e	r
s	p	l	a	n	t	o	m	i	n
h	i	c	h	i	f	e	n	c	e
u	b	u	s	h	u	m	o	u	t
c	e	n	d	e	r	l	e	a	f
l	a	t	t	r	e	e	m	p	h
a	u	w	e	e	d	r	i	n	t
s	o	u	l	h	e	d	g	e	d

1. Blume __________
2. Pflanze __________
3. Zaun __________
4. Strauch __________
5. Blatt __________
6. Baum __________
7. Unkraut __________
8. Hecke __________

b Wählen Sie das richtige Verb.**

1. Rasen mähen ☐ to make ☐ to mow ☐ to mean the lawn
2. Hecke schneiden ☐ to cast ☐ to catch ☐ to cut the hedge
3. Samen säen ☐ to saw ☐ to sink ☐ to sow seeds
4. Rosen pflanzen ☐ to plant ☐ to plough ☐ to plug roses

15 Rund um den Garten

Für Aktivitäten im Garten sind die folgenden Wörter nützlich.
Das besondere ist, dass Nomen und Verb gleich lauten:

weed	*Unkraut*	to weed	*Unkraut jäten*
plant	*Pflanze*	to plant	*pflanzen*
water	*Wasser*	to water	*gießen*

ABC

flowers and trees – *Blumen und Bäume*

rose	*Rose*	oak	*Eiche*
forgetmenot	*Vergissmeinnicht*	beech	*Buche*
tulip	*Tulpe*	maple	*Ahorn*
daffodil	*Osterglock*	birch	*Birke*
tulip	*Tulpe*	pine	*Kiefer*
daisy	*Gänseblümchen*	box	*Buchsbaum*

ABC

vegetables and herbs – *Gemüse und Kräuter*

tomato	*Tomate*	parsley	*Petersilie*
cucumber	*Gurke*	chives (pl)	*Schnittlauch*
lettuce	*Kopfsalat*	basil	*Basilikum*

LÖSUNGEN:

a) **1.** flower, **2.** plant, **3.** fence, **4.** bush, **5.** leaf, **6.** tree, **7.** weed, **8.** hedge; b) **1.** mow, **2.** cut, **3.** sow, **4.** plant

16 An interesting exercise

a Setzen Sie **a** oder **an** vor die Nomen.*

1. ____ game
2. ____ apple
3. ____ concert
4. ____ elephant
5. ____ uniform
6. ____ easy exercise
7. ____ true story
8. ____ English name
9. ____ old castle
10. ____ American from New York

b Entscheiden Sie, ob **a**, **an**, **the** oder kein Artikel benötigt wird.**

	a	an	the	–
1. I always have __ egg for breakfast.	☐	☐	☐	☐
2. Are you coming to __ party tonight?	☐	☐	☐	☐
3. __ orange juice, please.	☐	☐	☐	☐
4. I want to become __ teacher.	☐	☐	☐	☐
5. Mum goes to __ church on Sundays.	☐	☐	☐	☐
6. Let's meet early in __ evening.	☐	☐	☐	☐
7. Oscar loves __ pop music.	☐	☐	☐	☐

16 Unbestimmter und bestimmter Artikel

Die unbestimmten Artikel heißen im Englischen **a** oder **an** - *ein, eine, einen, einem, einer, eines ...*

Vor einem Wort mit gesprochenem Konsonanten steht **a**, z. B. a car, a nice event. Vor einem Wort mit einem gesprochenen Vokal steht an, z. B. an uncle, an old man.

Nicht auf die Schreibweise, sondern auf die Aussprache kommt es an!

an underground	aber: **a** uniform (gesprochenes j)
eine U-Bahn	*eine Uniform*
an hour (kein gesprochens h)	aber: **a** house
eine Stunde	*ein Haus*

Berufe brauchen im Englischen immer einen unbestimmten Artikel!
Mrs Cole is **a** dentist. Her son wants to become **an** engineer.
Frau Cole ist Zahnärztin. Ihr Sohn will Ingenieur werden.

Der bestimmte Artikel heißt **the** - *der, die, das, den, dem, des ...*
Manchmal steht er im Englischen, wenn im Deutschen keiner steht.
in the morning/afternoon/evening - *am Morgen/Nachmittag/Abend*

LÖSUNGEN:

a) **1.** a, **2.** an, **3.** a, **4.** an, **5.** a, **6.** an, **7.** a, **8.** an, **9.** an, **10.** an; b) **1.** an, **2.** the, **3.** An, **4.** a, **5.** -, **6.** the, **7.** -

17 One person - eight people

Ordnen Sie die Wörter aus der Box den Bildern zu und schreiben Sie sie im Plural darunter.*

cow - foot - woman - ship - tomato - child - person - house - bike

1

2

3

4

5

6

7
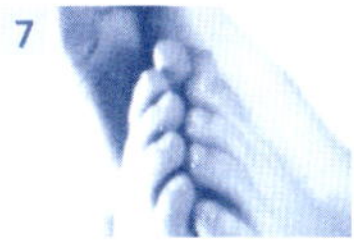

8

9

17 Pluralformen

Die meisten englischen Substantive erhalten im Plural einfach ein **s**:

friend → friends *Freund* → *Freunde*

Besonderheiten:

Substantive auf Konsonant + **y**:

hobby → hobbies

!

Plural im Deutschen: *Hobby/Baby/Party* → *Hobbys/Babys/Partys*

Substantive auf **ch** und **x**:

beach	→	beaches	*Strand*	→	*Strände*
box	→	boxes	*Kiste*	→	*Kisten*

Substantive auf Konsonant + **o**:

potato	→	potatoes	*Kartoffel*	→	*Kartoffeln*

ABC

Unregelmäßige Pluralformen:

man	→	men	*Mann, Männer*	foot	→	feet	*Fuß, Füße*
woman	→	women	*Frau, Frauen*	tooth	→	teeth	*Zahn, Zähne*
child	→	children	*Kind, Kinder*	mouse	→	mice	*Maus, Mäuse*
person	→	people	*Person, Personen*				

LÖSUNGEN:

1. women, **2.** bikes, **3.** houses, **4.** tomatoes, **5.** children, **6.** ships, **7.** feet, **8.** people, **9.** cows

18 Do you speak English?

a Welche Sprachen sprechen die Europäer?*

1. In Austria the Austrians speak ______________________ .

2. In France the French speak ______________________ .

3. In Spain the Spaniards speak ______________________ .

4. In Italy the Italians speak ______________________ .

5. In Poland the Poles speak ______________________ .

6. In Turkey the Turks speak ______________________ .

7. In the Netherlands the Dutch speak ______________________ .

8. In Ireland the Irish speak ______________________ .

b Nennen Sie die englischen Bezeichnungen für die englischsprachigen Länder, die hier Flagge zeigen?*

1. ____________ **2.** ____________ **3.** ____________

18 *Commonwealth of Nations*

Das **Commonwealth of Nations** ist ein Zusammenschluss von 54 (!) unabhängigen Staaten. Es wurde 1931 gegründet, als loser Bund zwischen dem Vereinigten Königreich von Großbritannien und Nordirland und den ehemaligen britischen Kolonien.

Das symbolische Oberhaupt ist seit 1952 Queen Elizabeth II.

Alle zwei Jahre treffen sich alle Verbündeten in einem der Mitgliedstaaten. Der jeweilige Regierungschef des Gastlandes ist für zwei Jahre Vorsitzender und teilt sich die politische Arbeit mit einem gewählten Generalsekretär.

Amts- und Arbeitssprache aller Länder ist Englisch!

ABC

Hier einige Mitgliedstaaten:

Australia	Canada	The Bahamas	India
The Seychelles	Jamaica	Singapore	Tanzania
South Africa	New Zealand		

Die meisten englischen Wörter werden klein geschrieben, aber Ländernamen, Einwohner und Sprachen werden groß geschrieben!

LÖSUNGEN:

1. German, **2.** French, **3.** Spanish, **4.** Italian, **5.** Polish, **6.** Turkish, **7.** Dutch, **8.** English and Gaelic; b) **1.** Australia, **2.** Great Britain, **3.** Canada

19 What did you do last week?

a Setzen Sie die Verben ins **past simple** ein.*

1. We ______________ (go) to the new museum last Saturday.
2. The Meyers ______________ (visit) their friends in Frankfurt.
3. Grandpa ______________ (not repair) the kitchen chair.
4. Lou ______________ (break) her arm on Sunday.
5. My colleague ______________ (not talk) to me last Friday.
6. Jon ______________ (lose) his wallet last weekend.
7. They ______________ (not invite) their neighbours.

b Wie heißen die Grundformen folgender **past simple** Formen?**

1. met - 2. knew - 3. found - 4. thought - 5. slept - 6. told - 7. was - 8. bought - 9. ate - 10. felt - 11. left - 12. saw

1.	__________	**5.**	__________	**9.**	__________
2.	__________	**6.**	__________	**10.**	__________
3.	__________	**7.**	__________	**11.**	__________
4.	__________	**8.**	__________	**12.**	__________

19 *Past simple*

Das **past simple** wird benutzt für Situationen und Handlungen, die definitiv vergangen sind. Es ist für alle Personen gleich.
Am besten unterstützt man seine Aussagen mit Signalwörtern der Vergangenheit:

yesterday	*gestern*
two weeks ago	*vor zwei Wochen*
last Monday	*letzten Montag*
in 2010	*2010*

Das past simple bei **regelmäßigen** Verben wird so gebildet:
Verb + **ed**
I, you, he, she, it, we, you, they → work**ed** overtime.

Das past simple von **unregelmäßigen** Verben muss man auswendig lernen. Einige Beispiele:

break	→	**broke**	go	→	**went**	have	→	**had**
hear	→	**heard**	see	→	**saw**	write	→	**wrote**

Verneinung:
I, you, he, she, it, we, you, they → **didn't work** overtime.

Frage:
Did you **see** Louisa yesterday? *Hast du gestern Louisa gesehen?*

LÖSUNGEN:

a) **1.** went, **2.** visited, **3.** didn't repair/did not repair, **4.** broke, **5.** didn't talk/did not talk, **6.** lost, **7.** didn't invite/did not invite; b) **1.** meet, **2.** know, **3.** find, **4.** think, **5.** sleep, **6.** tell, **7.** be, **8.** buy, **9.** eat, **10.** feel, **11.** leave, **12.** see

20 Small words

a Setzen Sie die richtige Präposition ein.*

on – at – near – across – over – to

1. Heilbronn is ____________ Stuttgart.
2. Let's go ____________ Nina's party.
3. I take English lessons ____________ Wednesdays.
4. Tom works ____________ BMW in Munich.
5. There are a lot of bridges ____________ the Rhine.
6. No permission for caravans ____________ 750 kilograms.

b Was ist richtig?*

1. in der Schule	☐ **A** in school	☐ **B** at school
2. zu Hause	☐ **A** at home	☐ **B** to home
3. zum Kindergarten	☐ **A** to the kindergarten	☐ **B** at the kindergarten
4. ins Krankenhaus	☐ **A** in the hospital	☐ **B** to hospital
5. zur Kirche	☐ **A** to church	☐ **B** at church
6. beim Arzt	☐ **A** at the doctor's	☐ **B** by the doctor's

20 Präpositonen des Ortes

Präpositionen lernt man am besten mit einem passenden Nomen auswendig. Achten Sie darauf, dass manchmal das **the** entfällt!

Wenn man fragen kann, wo jemand ist, benutzt man **at**:

Where? *Wo?*	at home	*zu Hause*
	at school	*in der Schule*
	at the office	*im Büro*

Wenn man fragen kann, wohin jemand geht, benutzt man **to**.

Where? *Wohin?*	to New York	*nach New York*
	to school	*zur Schule*
	to the office	*ins Büro*
	to the market	*zum Markt*
	to the park	*in den Park*
	to the concert	*auf das Konzert*

Bei Privatpersonen oder solchen, die einen Beruf in einem Gebäude ausüben, heißt es:

at the doctor's (surgery)	*beim Arzt*
at the baker's (shop)	*beim Bäcker*
at the hairdresser's (shop)	*beim Friseur*
at Sarah's (house)	*bei Sarah*

Das letzte Wort (in Klammern) spart man sich bei der Aussprache, das **'s** ist ein Überbleibsel davon und wird ausgesprochen.

LÖSUNGEN:

a) **1.** near, **2.** to, **3.** on, **4.** at, **5.** across, **6.** over; b) **1.** b), **2.** a), **3.** a), **4.** b), **5.** a), **6.** a)

21 Excuse me, where is the station, please?

Ordnen Sie die Wegweisungen zu.*

1. Turn left.	___	**A**	Gehen Sie durch den Park.
2. Go straight on.	___	**B**	Fahren Sie die Rolltreppe hoch.
3. Cross the street.	___	**C**	Biegen Sie links ab.
4. Go down the stairs.	___	**D**	Gehen Sie die Straße hinunter.
5. Turn right.	___	**E**	Gehen Sie die Treppe hinunter.
6. Walk down the road.	___	**F**	Gehen Sie über die Straße.
7. Go through the park.	___	**G**	Gehen Sie den Berg hoch.
8. Go up the escalator.	___	**H**	Gehen Sie geradeaus.
9. Take the first turn left.	___	**I**	Biegen Sie rechts ab.
10. Go up the hill.	___	**J**	Nehmen Sie die erste Abbiegung links.

21 Wegbeschreibungen

Bittet man eine fremde Person um eine Auskunft, sagt man:

Excuse me, is there a nice café nearby?
Entschuldigen Sie, gibt es hier in der Nähe ein nettes Café?
Excuse me, where is the next bank, please?
Entschuldigen Sie, wo ist die nächste Bank?
Sorry, would you mind repeating that?
Entschuldigen Sie, könnten Sie das wiederholen?
Sorry, could you speak more slowly?
Entschuldigen Sie, könnten Sie etwas langsamer sprechen?
Excuse me, is it far to Corfe Castle, or can I walk there from here?
Entschuldigen Sie, ist es von hier aus weit bis Corfe Castle, oder kann ich dorthin zu Fuß laufen?

ABC

Buildings and places in town – *Gebäude und Orte in der Stadt*

station	*Bahnhof*	hospital	*Krankenhaus*
exhibition	*Ausstellung*	town hall	*Rathaus*
post office	*Post*	castle	*Burg, Schloss*
police station	*Polizeirevier*	theatre	*Theater*
pedestrian zone	*Fußgängerzone*	pub	*Kneipe*
public toilet	*öffentliche Toilette*		

LÖSUNGEN:

1. C, **2.** H, **3.** F, **4.** E, **5.** I, **6.** D, **7.** A, **8.** B, **9.** J, **10.** G

22 Where do you live?

a Vervollständigen Sie die Wörter.*

1.	Wohnung	__l__t
2.	Einfamilienhaus	d__ta__ __ed h__us__
3.	Doppelhaushälfte	s__m__-d__ta__ __ed h__ __s__
4.	Reihenhaus	t__rr__c__d h__ __s__
5.	Hochhaus	hi__ __-r__s__
6.	Bauernhaus	__a__m__ou__ __

b Nennen sie die entsprechenden Zimmer.*

1. You read and watch TV here. ____________
2. You hang up your coat here. ____________
3. You eat in this room. ____________
4. You cook in this room. ____________
5. You have a shower in this room. ____________
6. You sleep in this room. ____________
7. This room is under the roof. It's for things you don't need often. ____________

WORTSCHATZ

ABC

22 Häuser, Wohnungen und Räume

Die meisten englischen Häuser haben keinen Keller, viele dafür einen **attic** - *Dachboden.*

Steht ein Haus zum Verkauf, stellt der Immobilienmakler ein Schild mit seinen Kontaktdaten in den Vorgarten oder ins Fenster:

For sale *Zu verkaufen*

Ist das Haus verkauft, ist folgendes Schild zu sehen:

Sold *Verkauft*

ABC

Nützliches Vokabular

fireplace	*Kamin*	central heating	*Zentralheizung*
patio	*Terrasse*	garage	*Garage*
furniture	*Möbel*	roof	*Dach*
garden	*Garten*	window	*Fenster*
front garden	*Vorgarten*	wallpaper	*Tapete*
allotment	*Schrebergarten*	to renovate	*renovieren*
separate toilet	*separate Toilette*	to move in/out	*ein-/ausziehen*

LÖSUNGEN:

a) **1.** flat, **2.** detached house **3.** semi-detached house, **4.** terraced house, **5.** high rise, **6.** farmhouse; b) **1.** living room, **2.** hall, **3.** dining room, **4.** kitchen, **5.** bathroom, **6.** bedroom, **7.** attic

23 Are you looking for a flat?

a Setzen Sie die richtigen Wörter in die Wohnungsanzeige.*

rent
room
heating
preferred
near
pets
bills
toilet
flat
unfurnished
let

To ________ (1): Lovely ________ (2) 2-bedroom ________ (3) near Manchester. The flat has a living ________ (4), a kitchen, a bathroom and a separate ________ (5). Central ________ (6). Ideal for students, ________ (7) university. ________ (8): £ 300, including ________ (9). Non-smokers ________ (10). No ________ (11), please.

b Ordnen Sie vier Haushaltsgeräte aus der Wortschlange den deutschen Begriffen zu.*

refrigeratorvacuumcleanerwashingmachinemicrowave

1. Mikrowelle ________ **2.** Kühlschrank ________

3. Waschmaschine ________ **4.** Staubsauger ________

23 Wohnungssuche

Sucht man in einer englischen Zeitung nach einer Wohnung, begegnen einem zwei wichtige Begriffe:

rent	*Miete, mieten*
The rent is low.	*Die Miete ist niedrig.*
to let	*vermieten*
Room to let!	*Zimmer zu vermieten!*

Das Wort **floor** hat zwei Bedeutungen: *Fußboden, Stockwerk/Etage.*

ground floor (BrE)	*Erdgeschoss*
first floor (BrE)	*erster Stock,* (AmE) *Erdgeschoss*
second floor	(BrE) *zweiter Stock,* (AmE) *erster Stock*
on the top floor	*im Dachgeschoss*
the upper floors	*die oberen Stockwerke*

Füllt man Anträge aus, wird oft gefragt nach

place of residence	*Wohnort*

Typische Frage:

How long have you been living in Exeter?	*Wie lange wohnst du schon in Exeter?*
I've been living here for 15 years.	*Ich wohne hier schon seit 15 Jahren.*

LÖSUNGEN:

a) **1.** let, **2.** unfurnished, **3.** flat, **4.** room, **5.** toilet, **6.** heating, **7.** near, **8.** rent, **9.** bills, **10.** preferred, **11.** pets; b) **1.** microwave, **2.** refrigerator, **3.** washing machine, **4.** vacuum cleaner

24 Two pints, please.

a Verbinden Sie die Maßeinheiten mit den entsprechenden Zahlen.*

1.	1 pint (pt)	____	**A**	454 g
2.	1 pound (lb)	____	**B**	2,54 cm
3.	1 gallon (gal)	____	**C**	1,609 km
4.	1 foot (ft)	____	**D**	0,568 l
5.	1 mile (m)	____	**E**	159,11 l
6.	1 inch (in)	____	**F**	91,44 cm
7.	1 yard (yd)	____	**G**	4,546 l
8.	1 barrel (für Öl)	____	**H**	158,99 l

b Ergänzen Sie die fehlenden Wörter.**

1. long and ____________________ = lang und Länge

2. ____________________ and height = hoch und Höhe

3. ____________________ and depth = tief und Tiefe

4. wide and ____________________ = breit und Breite

5. to weigh and ____________________ = wiegen und Gewicht

24 Maßeinheiten

Während auf Straßenschildern in Irland **km (kilometres)** angegeben werden, werden die Entfernungen auf Schildern in Großbritannien und Nordirland ausschließlich in miles geschrieben. Die Temperatur bei Wetterberichten wird in Großbritannien seit den 90er Jahren in **Celsius** gemessen (vorher in **Fahrenheit**).

centimetre	*Zentimeter*	foot	*Fuß*
metre	*Meter*	inch	*Zoll*
kilometre	*Kilometer*	yard	*Yard*
square metre	*Quadratmeter*	mile	*Meile*

!

Britische Zahlen werden ab 1000 mit Komma geschrieben.

1,000 km = *1000 km*

Einen Punkt setzen die Briten dort, wo im Deutschen ein Komma steht.

1.036 km = *1,036 km*

Pound kann Gewicht und Währung (**1 pound = 100 pence**) sein.
Ein englisches Pfund (454 g) wiegt weniger als ein deutsches Pfund (500 g).
Beim Backen wird oft **a cup** *(Tasse)* (227 g oder 237 ml) verwendet.

LÖSUNGEN:

a) **1.** D, **2.** A, **3.** G, **4.** H, **5.** C, **6.** B, **7.** F, **8.** E; b) **1.** length, **2.** high, **3.** deep, **4.** width, **5.** weight

25 The best time of the year

a Ergänzen Sie die Lücken für die vier Jahreszeiten.*

1. Frühling s _ r _ n _
2. Sommer _ u _ m _ r
3. Herbst a _ t _ m _
4. Winter _ i _ t _ r

b Schreiben Sie die englischen Wetterwörter auf.**

1. Schnee □□□□
2. kalt □□□□
3. Nebel □□□
4. Sonnenschein □□□□□□□□
5. Regen □□□□
6. Hagel □□□□
7. Wolke □□□□□
8. Sturm □□□□□
9. nass □□□
10. Wetter □□□□□□□
11. windig □□□□□

WORTSCHATZ

25 Jahreszeiten und Wetter

Um das Wetter zu beschreiben, benutzt man im Englischen viele Substantive und ähnlich lautende, dazu gehörende Adjektive.

ABC

sun, sunny	*Sonne, sonnig*
wind, windy	*Wind, windig*
rain, rainy	*Regen, regnerisch*
storm, stormy	*Sturm, stürmisch*
fog, foggy	*Nebel, neblig*
snow, snowy	*Schnee, schneereich*

Nach der **Temperatur** fragt man:

What's the temperature outside?	*Wie viel Grad ist es draußen?*
It's minus 3° C.	*Es ist minus 3 Grad.*

Bei heißem Wetter wechseln viele Leute auf **Grad Fahrenheit**:

It's 80 degrees outside.	*Es ist 80 Grad (ca. 27° C) draußen.*

!

to have a temperature – *erhöhte Temperatur (Fieber) haben*

LÖSUNGEN:

a) **1.** spring, **2.** summer, **3.** autumn, **4.** winter; b) **1.** snow, **2.** cold, **3.** fog, **4.** sunshine, **5.** rain, **6.** hail, **7.** cloud, **8.** storm, **9.** wet, **10.** weather, **11.** windy

26 What will the weather be like?

a Ergänzen Sie die Sätze zur Wettervorhersage mit dem **will future**. Verwenden Sie Kurzformen, wenn möglich.*

1. The weather ____________ (not be) too bad next week.
2. We ____________ (have) a lot of sunshine on Monday.
3. The temperature ____________ (reach) 23 degrees.
4. On Wednesday the weather ____________ (change) slightly.
5. We ____________ (not have) any thunder in the morning.
6. And in the afternoon it ____________ (start) to rain.
7. On Friday there ____________ (be) more sunshine again.

b Vervollständigen Sie die spontanen Äußerungen mit dem **will future**. Benutzen Sie die Kurzform.*

1. **A:** There are no eggs in the fridge. – **B:** Wait, I ____________ (go) and buy some at the supermarket.
2. **A:** I'm very hungry. – **B:** OK, I ____________ (make) you some sandwiches.
3. **A:** It's so hot! – **B:** Wait, I ____________ (get) you a drink.
4. **A:** My computer doesn't work. – **B:** Don't worry, I ____________ (have) a look at it.

26 Wettervorhersagen mit *will future*

Das **will future** wird hauptsächlich benutzt für Vorhersagen, besonders Wettervorhersagen und für spontane Äußerungen als Reaktion auf einen Zustand.

Das **will future** ist für alle Personen gleich:
I, you, he, she, it, we, you, they **will** (Kurzform: 'll)

Verneinung:
I, you, he, she, it, we, you, they **will not** (Kurzform: **won't**)

Frage:
Will it **be** sunny tomorrow?

!

Im Deutschen wird für Zukünftiges gerne das Präsens benutzt. Wettervorhersagen brauchen im Englischen das **will future**!

Morgen regnet es.	*It'll rain tomorrow.*
Nächste Woche gibt es Schnee.	*It'll snow next week.*

!

Die Frage nach dem Wetter nicht wortwörtlich übersetzen, sondern:
Wie wird das Wetter? *What will the weather be like?*

LÖSUNGEN:

a) **1.** won't be, **2.** 'll have, **3.** will reach, **4.** will change, **5.** won't have, **6.** 'll start, **7.** 'll be; b) **1.** 'll go, **2.** 'll make, **3.** 'll get, **4.** 'll have

27 Good - better - the best

a Steigern Sie die folgenden Adjektive.*

	Komparativ	Superlativ
1. old	________	________
2. nice	________	________
3. big	________	________
4. easy	________	________
5. clever	________	________

b Entscheiden Sie sich für die richtige Übersetzung.**

1. Das Wetter in Spanien ist besser als in England.
The weather in Spain is
☐ **A** better then in England.
☐ **B** better as in England.
☐ **C** better than in England.

2. Im März ist es nicht so kalt wie im Januar.
In March it is
☐ **A** not as cold as in January.
☐ **B** not so cold as in January.
☐ **C** not colder than in January.

3. Im Haus ist es genauso heiß wie im Garten.
In the house it is
☐ **A** so hot as in the garden.
☐ **B** as hot as in the garden.
☐ **C** so hot how in the garden.

GRAMMATIK

27 Steigerung der Adjektive I

Um Personen und Dinge miteinander vergleichen zu können, braucht man die Steigerungsformen der Adjektive.

Einsilbige englische Adjektive steigert man mit **-er** und **-est**.

high - high**er** - the high**est**	*hoch*
green - green**er** - the green**est**	*grün*

Besondere Schreibweisen:

nice - nice**r** - the nice**st**	*nett*
big - big**ger** - the big**gest**	*groß*

Folgende **zweisilbige** Adjektive steigert man auch mit **-er** und **-est**:

clever	*clever*	narrow	*eng*

ABC

Bei allen zweisilbigen Adjektiven, die auf **-y** enden, wird das **y** zu **i**:

happy - happier - happiest	*glücklich*
funny - funnier - funniest	*komisch*
easy - easier - easiest	*leicht*

!

Unregelmäßige Steigerung:

good - better - the best	*gut*
bad - worse - the worst	*schlecht*

LÖSUNGEN:

a) **1.** older, the oldest, **2.** nicer, the nicest, **3.** bigger, the biggest, **4.** easier, the easiest, **5.** cleverer, the cleverest; b) **1.** c), **2.** a), **3.** b)

28 Ben is more beautiful!

a Entscheiden Sie sich für die richtige Steigerungsform.*

1.	am perfektesten	☐ perfectest	☐ most perfect
2.	faszinierender	☐ most fascinating	☐ more fascinating
3.	schwieriger	☐ difficulter	☐ more difficult
4.	friedlicher	☐ peacefuller	☐ more peaceful
5.	gesünder	☐ healthier	☐ more healthy
6.	freundlicher	☐ friendlier	☐ more friendly
7.	am dümmsten	☐ stupidest	☐ most stupid
8.	gemütlicher	☐ comfortabler	☐ more comfortable

b Steigern Sie folgende Adjektive.**

1.	famous	A ____________	B ____________
2.	popular	A ____________	B ____________
3.	fantastic	A ____________	B ____________
4.	terrrible	A ____________	B ____________
5.	difficult	A ____________	B ____________

28 Steigerung der Adjektive II

Manche zweisilbigen (aber nicht die, die auf **-y** enden) und alle dreisilbigen englischen Adjektive steigert man mit einem vorangestellten **more** und **most**.

Zweisilbig:

famous - more famous - (the) most famous	*berühmt*
perfect - more perfect - (the) most perfect	*perfekt*
boring - more boring - (the) most boring	*langweilig*
careful - more careful - (the) most careful	*vorsichtig*
honest - more honest - (the) most honest	*ehrlich*
silent - more silent - (the) most silent	ruhig
patient - more patient - (the) most patient	*geduldig*

Dreisilbig:

interesting - more interesting - (the) most interesting	*interessant*
dangerous - more dangerous - (the) most dangerous	*gefährlich*
expensive - more expensive - (the) most expensive	*teuer*
delicious - more delicious - (the) most delicious	*lecker*
beautiful - more beautiful - (the) most beautiful	*schön*

LÖSUNGEN:

a) **1.** most perfect, **2.** more fascinating, **3.** more difficult, **4.** more peaceful, **5.** healthier (2-silbig auf y), **6.** friendlier (2-silbig auf y), **7.** stupidest/most stupid **8.** more comfortable; b) **1.** more famous, the most famous, **2.** more popular, the most popular, **3.** more fantastic, the most fantastic, **4.** more terrible, the most terrible, **5.** more difficult, the most difficult

29 That suits you!

a Wie heißt es richtig?*

1. Sie sagen, dass Ihnen das Kleid nicht steht.
- ☐ **A** This dress doesn't fit me.
- ☐ **B** This dress doesn't suit me.

2. Sie möchten wissen, ob es die Stiefel in Größe 40 gibt.
- ☐ **A** Do you have these boots in size 40?
- ☐ **B** Do you have these boots in shape 40?

3. Es tut Ihnen Leid, aber das ist zu teuer für Sie.
- ☐ **A** I'm sorry, but this is too cheap for me.
- ☐ **B** I'm sorry, but this is too expensive for me.

b Wie heißen die Kleidungsstücke auf Englisch?**

1. ____________

2. ____________

3. ____________

4. ____________

5. ____________

6. ____________

29 Kleidung und Anprobe

Nützliche Wendungen beim Kauf von Kleidung:

Do you have any oversize suits?	*Führen Sie Anzüge in Übergrößen?*
Which one do you like best?	*Welcher gefällt Ihnen am besten?*
I like this one. But that one isn't bad either.	*Mir gefällt dieser hier. Aber der hier ist auch nicht schlecht.*
I need a smaller/bigger size.	*Ich brauche eine kleinere/größere* Größe.
Does it fit? Yes, it's perfect.	*Passt es? Ja, genau richtig.*

ABC

Clothes and accessories *Kleidung und Accessoires*

T-shirt	*T-Shirt*	sports jacket	*Sakko*
shirt	*Hemd*	trousers (pl, BrE)	*Hose*
skirt	*Rock*	jacket	*Jacke*
coat	*Mantel*	suit	*Anzug*
raincoat	*Regenmantel*	tie	*Krawatte*
scarf	*Schal*	gloves (pl)	*Handschuhe*
glasses (pl)	*Brille*	purse (BrE)	*Geldbeutel*
handbag	*Handtasche*	belt	*Gürtel*

LÖSUNGEN:

a) **1.** b, **2.** a, **3.** b; b) **1.** shirt, **2.** skirt, **3.** coat, **4.** trousers, **5.** scarf, **6.** gloves

30 What can you do in your freetime?*

a Welcome Sportarten sind hier zu sehen? Ein paar Buchstaben helfen.*

1. _o_d_ _ w_ _k_ _g

2. r_c_ cl_m_ _ _g

3. _a_ _i_g

4. s_ _l_ _g

b In den folgenden Wortschlangen hat sich jeweils eine in England beliebte Freizeitaktivität versteckt. Kreisen Sie sie ein.**

1. he rbsterlinguineagolfinfraturnlotuslongreantutemawer

2. highajolelybandagemwntnetballinthequeuofparbyster

3. enthusiefrontbuninghopleutinanteprugbylgrunthemeter

4. totightancricketlancerewavyntogriesenheelontoplleasth

30 Freizeitaktivitäten

Freizeitaktivitäten werden im Englischen gerne mit **go + gerund** gebildet.

We often go swimming.	*Wir gehen oft schwimmen.*
I went skiing last year.	*Ich war letztes Jahr skifahren.*

Einige Aktivitäten werden mit **play** beschrieben.

We play chess every Wednesday.	*Wir spielen jeden Mittwoch Schach.*
Our kids play football/basketball/volleyball/tennis.	*Unsere Kinder spielen Fußball/Basketball/Volleyball/Tennis.*

Der älteste offizielle **Fußballverein** der Welt (FC Sheffield, 1857), der älteste **Fußballwettkampf** der Welt (FA Cup, seit 1871) und die erste **Fußballliga** überhaupt (1888) stammen aus England. England wird daher als Mutterland des Fußballs bezeichnet.

Cricket ist im weitesten Sinne mit Baseball verwandt. Es ist in vielen Ländern des Commonwealth sehr beliebt. Bei dieser Mannschaftssportart spielen der **bowler** *(Werfer)* und der **batsman** *(Schlagmann)* eine entscheidende Rolle.

LÖSUNGEN:

a) **1.** nordic walking, **2.** rock climbing, **3.** dancing, **4.** sailing; b) **1.** golf, **2.** netball, **3.** cricket, **4.** rugby

31 You speak English well!

a Bilden Sie aus folgenden Adjektiven ein Adverb.*

1. slow ______________
2. quiet ______________
3. easy ______________
4. beautiful ______________
5. polite ______________
6. good ______________
7. fast ______________
8. fantastic ______________

b Entscheiden Sie sich für das richtige Wort.**

1. Don't worry. Pat always drives **careful/carefully**.
2. Sorry, but I can't understand you **very good/well**.
3. Look at Kim. She dances **beautiful/beautifully**.
4. This text is translated very **bad/badly**.
5. My husband works really **hard/hardly**.

31 Adverbien

Im Deutschen haben Adjektive und Adverbien die gleiche Form.
Im Englischen ist das nicht so. Ein Adverb beschreibt immer eine Tätigkeit genauer und benötigt im Englischen die Endung **-ly**.

Adjektiv:	She is s**low**.	*Sie ist langsam.*
Adverb:	She walks **slowly**.	*Sie geht langsam.*

Besondere Schreibweisen:
easy - **easily** *(leicht)*, fantastic - **fantastically** *(fantastisch)*

Einige Adverbien nehmen keine Endung -ly an und haben die gleiche Form wie Adjektive.

deep	*tief*	fair	*fair*	fast	*schnell*
high	*hoch*	late	*spät*	long	*lang*

!

Das Wort **hard** hat sowohl als Adjektiv als auch als Adverb die gleiche Form.

This exercise is hard.	*Diese Übung ist schwer.*
I work hard.	*Ich arbeite schwer.*

Es gibt aber auch das Wort **hardly**. Es hat eine ganz andere Bedeutung.

I can hardly understand a word.	*Ich kann kaum ein Wort verstehen.*

LÖSUNGEN:

a) **1.** slowly, **2.** quietly, **3.** easily, **4.** beautifully, **5.** politely, **6.** well, **7.** fast, **8.** fantastically; b) **1.** carefully, **2.** well, **3.** beautifully, **4.** badly, **5.** hard

32 What can you do well?

a Setzen Sie ein Adjektiv oder ein Adverb ein.*

1. My sister can cook lasagne **perfect/perfectly**.
2. Rob and Sam are preparing their trip **careful/carefully**.
3. They are very **good/well** at rock climbing.
4. Karen sang **beautiful/beautifully** at the concert last night.
5. She is a **fantastic/fantastically** singer.
6. Nina is intelligent. She understands things **quick/quickly**.
7. I can organize big events very **good/well**.
8. I'm **bad/badly** at telling jokes.

b Übersetzen Sie die folgenden Wendungen.**

1. to speak quietly ______________________
2. to write correctly ______________________
3. to laugh nervously ______________________
4. to sleep badly ______________________
5. to go jogging regularly ______________________

32 Fähigkeiten beschreiben

Seinen eigenen Fähigkeiten oder die anderer Menschen kann man im Englischen auf verschiedene Arten beschreiben:

1. Benutzen Sie **can** + Verb.

I can write poems.	*Ich kann Gedichte schreiben.*
My friend can repair computers.	*Mein Freund kann Computer reparieren.*
Dave can play chess.	*Dave kann Schach spielen.*

2. Benutzen Sie **can** + Verb oder ein Vollverb + Adverb.

I can write poems quite well.	*Ich kann ziemlich gut Gedichte schreiben.*
Nick plays the guitar beautifully.	*Nick spielt sehr schön Gitarre.*

3. Benutzen Sie eine Form von **be** und ein Adjektiv vor dem Nomen.

I'm a very good poet.	*Ich bin ein sehr guter Dichter.*
Bob is a great piano player.	*Bob ist ein toller Klavierspieler.*

LÖSUNGEN:

a) **1.** perfectly, **2.** carefully, **3.** good, **4.** beautifully, **5.** fantastic, **6.** quickly, **7.** well, **8.** bad;

b) **1.** leise sprechen, **2.** richtig schreiben, **3.** nervös lachen, **4.** schlecht schlafen, **5.** regelmäßig joggen gehen

33 Don't be silly!

a Verbinden Sie folgende Aufforderungen miteinander.*

1. Listen.	___	**A**	Warte mal!
2. Be careful.	___	**B**	Nimm Platz!
3. Don't argue.	___	**C**	Streitet euch nicht!
4. Help yourself.	___	**D**	Pass auf dich auf!
5. Do it yourself.	___	**E**	Hör' zu!
6. Hang on.	___	**F**	Bedien' dich!
7. Take care.	___	**G**	Sei vorsichtig!
8. Take a seat.	___	**H**	Mach's selbst!

b Was bedeuten folgende Aufforderungen?*

1. Sign here.	☐ Zeichnen Sie!	☐ Unterschreiben Sie hier!
2. Buy more fruit.	☐ Kauft mehr Gemüse!	☐ Kauft mehr Obst!
3. Be sensible.	☐ Sei sensibel!	☐ Sei vernünftig!
4. Shut up.	☐ Halt die Klappe!	☐ Schließ auf!

33 Der Imperativ

Der Imperativ *(Aufforderung)* wird im Englischen mit der Grundform des Verbs gebildet und ist für Singular und Plural gleich.
Es folgt meistens ein Punkt, kein Ausrufezeichen. Möchte man der Aufforderung jedoch etwas mehr Nachdruck verleihen, setzt man ein Ausrufezeichen.

Come in.	*Komm/Kommt herein!*
Be quiet.	*Sei/Seid leise!*
Just listen!	*Hör' einfach zu!*

Fordert man eine oder mehrer Personen auf, etwas nicht zu tun, stellt man ein **Don't** vor den Imperativ.

Don't be silly.	*Sei/Seid nicht dumm!*
Don't forget the keys.	*Vergiss/Vergesst die Schlüssel nicht!*

Bei Aufforderungen, an denen Sie selbst beteiligt sind, benutzen Sie **Let's** oder **Let's not**.

Let's work together.	*Lass(t) uns zusammenarbeiten.*
Let's not give up.	*Lass(t) uns nicht aufgeben.*

LÖSUNGEN:

a) **1.** e), **2.** g), **3.** c), **4.** f), **5.** h), **6.** a), **7.** d), **8.** b); b) **1.** Unterschreiben Sie hier!, **2.** Kauft mehr Obst!, **3.** Sei vernünftig!, **4.** Halt die Klappe!

34 Signs in Great Britain

a Welche Aufforderung passt zu welchem Schild?*

1

2

3

1. Fasten your seat belt. Foto ____

2. Don't use your mobile. Foto ____

3. No smoking. Foto ____

b Nennen Sie die deutsche Bedeutung der englischen Schilder.**

1. Ladies — D _ _ _ _ _ _ _ _ _ _ _ _

2. No throughway — D _ _ _ _ _ _ _ _ _
V _ _ _ _ _ _ _

3. PUSH — D _ _ _ _ _ _

4. PULL — Z _ _ _ _ _

5. dead end — S _ _ _ _ _ _ _ _

6. one-way — E _ _ _ _ _ _ _ _ _ _ _ _

7. emergency exit — N _ _ _ _ _ _ _ _ _

34 Schilder in der Öffentlichkeit

Schilder in öffentlichen Gebäuden oder Geschäften:

Entrance/No entrance	*Eingang/Kein Eingang*
Exit	*Ausgang*
Emergency exit	*Notausgang*
Push	*Drücken (an Türen)*
Pull	*Ziehen (an Türen)*
Gents	*Herrentoilette*
Ladies	*Damentoilette*

Im Straßenverkehr werden auch andere Symbole als Schilder benutzt, z. B. für **Parkverbot** bzw. **Halteverbot** an der Straße → eine bzw. zwei durchgezogene gelbe Linien am Straßenrand.

XING - das X sieht wie ein Kreuz (engl. **cross**) aus. In manchen englischsprachigen Ländern, u. a. Amerika, steht XING für **crossing** - *Übergang*. Sieht ein Autofahrer ein großes gemaltes XING auf der Straße, heißt das: *Achtung! Zebrastreifen.*

LÖSUNGEN:

a) **1.** No smoking, **2.** Fasten your seat belt., **3.** Don't use your mobile; b) **1.** Damentoilette, **2.** Durchfahrt verboten, **3.** Drücken, **4.** Ziehen, **5.** Sackgasse, **6.** Einbahnstraße, **7.** Notausgang

35 Excuse me oder sorry?

Was sagen Sie, wenn ...*

1. ... Sie mit Herrn Parker sprechen wollen?
- ☐ **A** Where is Mr Parker?
- ☐ **B** Who is Mr Parker?
- ☐ **C** I'd like to speak to Mr Parker, please.

2. ... Sie möchten, dass das Fenster geschlossen wird?
- ☐ **A** Shut the window.
- ☐ **B** Would you mind shutting the window?
- ☐ **C** The window must be shut.

3. ... es Ihnen Leid tut, dass Sie heute Abend nicht kommen können?
- ☐ **A** Sorry, but I can't come tonight.
- ☐ **B** Excuse me, but I can't come tonight.
- ☐ **C** No problem, I can't come tonight.

4. ... Sie jemandem ein Glas Wein anbieten möchten?
- ☐ **A** Would you like a glass of wine?
- ☐ **B** Do you drink a glass of wine?
- ☐ **C** I give you a glass of wine.

5. ... wenn Sie möchten, dass jemand Ihnen den Zucker reicht?
- ☐ **A** Can I have the sugar, please?
- ☐ **B** Excuse me, could you pass me the sugar, please?
- ☐ **C** Sorry, give me the sugar, please.

6. ... wenn Sie möchten, dass jemand etwas noch einmal sagt?
- ☐ **A** Can you speak it again, please?
- ☐ **B** Can you understand it?
- ☐ **C** Could you say that again, please?

35 Höflichkeitsformen mit would und could

Höfliche Aussagen und Fragen bildet man im Englischen mit **would** oder **could**:

Would you like a cup of tea? — *Möchtest du eine Tasse Tee?*

Could I use your computer, please? — *Könnte ich bitte deinen Computer benutzen?*

A picnic at the beach? That would be great. — *Ein Picknick am Strand? Das wäre klasse!*

I'd like (*kurz für*: I would like) to order now. — *Ich würde jetzt gerne bestellen.*

Die englische Frage **Would you like ...?** entspricht den deutschen Fragen *Hätten Sie gerne/Hättest du gerne... ? Möchten Sie/Möchtest du...?*

Wenn Sie jemanden **ansprechen**, um etwas zu fragen, sagen Sie:

Excuse me, where is the next underground station? — *Entschuldigen Sie, wo ist die nächste U-Bahn-Station?*

Wenn Sie etwas **bedauern**, sagen Sie:

Sorry, but I can't come tonight. — *Tut mit leid, aber ich kann heute Abend nicht kommen.*

LÖSUNGEN:

1. c), **2.** b), **3.** a), **4.** a), **5.** b), **6.** c)

36 The dessert was delicious!

Ordnen Sie die Adjektive aus der Box nach positiver und negativer Bedeutung in die Tabelle. Die deutschen Übersetzungen helfen Ihnen dabei.*

great - embarrassing - disgusting - strange - successful - excellent - delicious - perfect - bad - complicated - remarkable - amazing - awful - special - ridiculous - irresponsible

1.	ausgezeichnet	______	**9.**	eklig	______
2.	perfekt	______	**10.**	schlecht	______
3.	erfolgreich	______	**11.**	furchtbar	______
4.	bemerkenswert	______	**12.**	peinlich	______
5.	klasse	______	**13.**	unverantwortlich	______
6.	besonders	______	**14.**	kompliziert	______
7.	erstaunlich gut	______	**15.**	merkwürdig	______
8.	köstlich	______	**16.**	lächerlich	______

36 Lob und Tadel

That's great.	*Das ist großartig.*
That was fantastic.	*Das war fantastisch.*
Well done!	*Gut gemacht!*
Your style is unusual.	*Dein Stil ist ungewöhnlich.*
It's different.	*Es ist anders.*
Do it again.	*Mach' das noch einmal.*
That's not acceptable.	*Das ist inakzeptabel.*

Ablehnung wird im Englischen gerne **abgeschwächt**.

I'm sorry, but that's not good.	*Sorry, aber das ist nicht gut.*
You'll have to work on it again, I'm afraid.	*Ich fürchte, du musst noch einmal daran arbeiten.*

ABC

Hilfreiche Adjektive

brilliant	*hervorragend*	terrible	*schrecklich*
pleasant	*angenehm*	embarrassing	*peinlich*
impressive	*beeindruckend*	boring	*langweilig*
yummy	*lecker*	disgusting	*abscheulich, eklig*
delicious	*köstlich*	unreliabale	*unzuverlässig*

LÖSUNGEN:

1. excellent, **2.** perfect, **3.** successful, **4.** remarkable, **5.** great, **6.** special, **7.** amazing, **8.** delicious, **9.** disgusting, **10.** bad, **11.** awful, **12.** embarrassing, **13.** irresponsible, **14.** complicated, **15.** strange, **16.** ridiculous

37 Have you ever been to Majorca?

a Schreiben Sie die Verben im **present perfect** in die Lücken. Benutzen Sie Kurzformen, wenn sinnvoll.*

1. I ____________ (take) these pills for a week.
2. The kids ____________ (be) ill all day.
3. Mike ________ already ________ (see) his doctor.
4. ________ you ________ (drink) enough water today?
5. I ____________ (not make) an appointment yet.
6. Mum ________ just ________ (call) the ambulance.
7. I ____________ (not be) hungry all day.
8. Dad ____________ (not see) a doctor for two years.

b Entscheiden Sie sich für **past simple** oder **present perfect**.**

1. Steven **broke/has broken** his leg yesterday.
2. Walter **just repaired/has just repaired** my computer.
3. Last summer the Mortons **had/have had** a bad accident.
4. I **didn't clean/haven't cleaned** the kitchen yet.
5. **Did you already visit/Have you already visited** Nick in hospital?

37 Das *present perfect*

Das **present perfect** wird benutzt für Situationen und Handlungen, die in der Vergangenheit beginnen und bis in die Gegenwart reichen. Oft steht an ihrem Ende ein Ergebnis. Am besten unterstützt man seine Aussagen mit folgenden Signalwörtern:

already, yet	*schon*	just	*gerade*
nearly	*fast*	so far	*bis jetzt*
not ... yet	*noch nicht*	ever	*jemals*

Das present perfect wird mit **have** oder **has** + 3. Form gebildet:

I, you, we, you, they	→	have/'ve gone	*bin, bist, seid, sind gegangen*
he, she, it	→	has/'s gone	*ist gegangen*

Verneinung:

I, you, we, you, they	→	**haven't/have not** gone	*bin, bist, seid, sind nicht gegangen*
he, she, it	→	**hasn't/has not** gone.	*ist nicht gegangen*

Frage:

Have you ever **been** to this stadium? — *Bist du jemals in diesem Stadion gewesen?*

!

Stehen Zeitangaben der Vergangenheit im Satz (**yesterday, last summer etc.**), muss im Englischen **past simple** benutzt werden.

LÖSUNGEN:

a) **1.** 've taken, **2.** have been, **3.** 's (already) seen, **4.** Have (you) drunk, **5.** haven't made,
6. 's (just) called, **7.** haven't been, **8.** hasn't seen; b) **1.** broke, **2.** has just repaired, **3.** had, **4.** haven't cleaned, **5.** Have you already visited

38 At the doctor's

a Was kann man gegen folgende Beschwerden tun?*

1. I have a terrible headache.	☐ **A**	I'll put a plaster on it.
2. I'm really exhausted.	☐ **B**	You have to take antibiotics.
3. I have an ear infection.	☐ **C**	You could take a painkiller.
4. I've cut my finger!	☐ **D**	You should get more sleep.

b Welche Bedeutung haben folgende Arztaussagen?**

1. I'll give you a prescription.
☐ **A** Ich gebe Ihnen eine Spritze.
☐ **B** Ich gebe Ihnen ein Rezept.

2. Take two tablets, twice a day, after meals.
☐ **A** Nehmen Sie zweimal am Tag zwei Tabletten, nach dem Essen.
☐ **B** Nehmen Sie alle zwei Tage zwei Tabletten, nach dem Essen.

3. Your condition is serious.
☐ **A** Ihre Kondition ist lobenswert.
☐ **B** Ihr Zustand ist ernst.

4. Please make a new appointment at the reception.
☐ **A** Bitte machen Sie einen neuen Termin an der Rezeption aus.
☐ **B** Bitte machen Sie eine neue Kur auf Rezept.

38 Besuch beim Arzt

Die ärztlichen Berufsbezeichnungen sind für weibliche und männliche Ausübende gleich.

doctor	*Arzt/Ärztin*
dentist	*Zahnarzt/Zahnärztin*
paediatrician	*Kinderarzt/Kinderärztin*
orthopaedic specialist	*Orthopäde/Orthopädin*
surgeon	*Chirurg/Chirurgin*
practice, surgery	*Praxis*

Gebräuchliche Wendungen:

Who is treating you?	*Wer behandelt Sie?*
Your skin requires treatment.	*Ihre Haut muss behandelt werden.*
I'll have to examine you.	*Ich muss Sie untersuchen.*
I can give you a painkiller.	*Ich kann Ihnen ein Schmerzmittel geben.*
I'm going to give you an injection now.	*Ich gebe Ihnen jetzt eine Spritze.*
You can buy the tablets at the pharmacy next door.	*Sie können die Tabletten in der Apotheke nebenan kaufen.*

Rezept ist nicht gleich Rezept: **prescription** → *Rezept* (vom Arzt), aber: **recipe** → *Rezept* (Backen, Kochen).

LÖSUNGEN:

a) **1.** c, **2.** d, **3.** b, **4.** a; b) **1.** b, **2.** a, **3.** b, **4.** a

39 I've got the flu!

a Setzen Sie das richtige Wort in die Lücken. Vorsicht! Drei Wörter werden nicht benötigt.*

headache - pills - upset - exhausted - broken - doctor - blood - bad cough

1. Bill has already had an ______________ stomach for four days.
2. I think I've ______________ my arm.
3. The weather has given her a ______________.
4. Dad has had a ______________ since last week.
5. I've been so ______________ lately.

b Wie heißen die folgenden Wörter auf Englisch?**

1. Verband	__________	6. Pflaster	__________
2. Spritze	__________	7. entzündet	__________
3. Tablette	__________	8. geschwollen	__________
4. Krankheit	__________	9. Blut	__________
5. Schmerz	__________	10. Wunde	__________

ABC

39 Krankheiten und Verletzungen

Nützliche Wendungen und Verben:

I'm ill.	*Ich bin krank.*
I have a temperature.	*Ich habe Fieber.*
I'm not feeling well.	*Mir geht es schlecht.*
I'm feeling better.	*Mir geht es besser.*
lately	*in letzter Zeit*
since last week	*seit letzter Woche*
for four days	*seit vier Tagen*
My wound is bleeding.	*Meine Wunde blutet.*
It hurts a lot.	*Es tut sehr weh.*
Will it heal again?	*Wird es wieder heilen?*

ABC

Häufige Krankheiten und Verletzungen:

flu (influenza)	*Grippe*	sore throat	*Halsschmerzen*
cold	*Erkältung*	sore eyes	*entzündete Augen*
cough	*Husten*	infection	*Entzündung*
headache	*Kopfschmerzen*	broken toe	*gebrochener Zeh*
upset stomach	*Bauchschmerzen*	bruise	*blauer Fleck*

LÖSUNGEN:

a) **1.** upset, **2.** broken, **3.** headache, **4.** bad cough, **5.** exhausted; b) **1.** bandage, **2.** injection, **3.** tablet/pill, **4.** disease/illness, **5.** pain, **6.** plaster, **7.** inflamed, infected (bei Hals und Augen auch: sore) **8.** swollen, **9.** blood, **10.** wound

40 What could we do at the weekend?

Wählen Sie das passende Modalverb aus.*

should (2x) - must - would - may - shall - can - needn't - doesn't have to - could - shouldn't - wouldn't

1. We ________________ (sollten) call the police.
2. You ________________ (brauchst nicht) talk about last night. I already know everything.
3. ________________ (sollen) we go to Ireland on holiday?
4. ________________ (könnten) you speak more slowly, please?
5. We ________________ (würden nicht) leave our kids at home.
6. ________________ (darf) I ask you a question?
7. If I were you, I ________________ (würde) go to the doctor's.
8. You ________________ (solltest) go for a walk more often.
9. Tom ________________ (muss nicht) wear a suit at work.
10. You ________________ (solltest nicht) work overtime too often.
11. I ________________ (muss) lose some weight.
12. ________________ (kannst) you do me a favour, please?

ABC

40 Ratschläge und Vorschläge mit Modalverben

Modalverben sind für alle Personen gleich. Nach ihnen steht immer noch ein Vollverb.

I can't come to your party.	*Ich kann nicht zu deiner Party kommen.*
You should talk to her.	*Du solltest mit ihr sprechen.*

ABC

Die wichtigsten Modalverben:

can	*können*	can't	*nicht können*
could	*könnte*	couldn't	*könnte nicht*
shall	*sollen*	shall not	*nicht sollen*
should	*sollte*	shouldn't	*sollte nicht*
need	*brauchen*	needn't	*nicht brauchen*
may	*dürfen*	may not	*nicht dürfen*

!

Verwechslungsgefahr!

must	*müssen*	don't have to	*nicht müssen!*
		mustn't	*nicht dürfen!*

LÖSUNGEN:

1. should, **2.** needn't, **3.** Shall, **4.** Could, **5.** wouldn't, **6.** May, **7.** would, **8.** should, **9.** doesn't have to, **10.** shouldn't, **11.** must, **12.** Can

41 What where you doing when ...?

a Bilden Sie **past continuous**-Formen.*

1. I/sleep ______________________
2. Pat/work ______________________
3. Bob and I/renovate ______________________
4. The dogs/play ______________________

b Wählen Sie **past continuous** für lange Handlungen oder **past simple** für kurze Handlungen. Vervollständigen Sie die Sätze.**

1. When I entered the room,
   ☐ **A** the kids watched a film.
   ☐ **B** the kids were watching a film.
2. While I was talking on the phone,
   ☐ **A** Tessa put the kettle on.
   ☐ **B** Tessa was putting the kettle on.
3. When our boss arrived,
   ☐ **A** everybody was working.
   ☐ **B** everybody worked.
4. ☐ **A** It rained heavilywhen
   ☐ **B** It was raining heavily
   Corin left his office.
5. While Lisa was sleeping,
   ☐ **A** I wrapped her present.
   ☐ **B** I was wrapping her present.

41 Das *past continuous*

Das **past continuous** wird benutzt für Situationen und Handlungen in der Vergangenheit, die lange andauerten. Kurze Handlungen, die zur gleichen Zeit in die Situation ‚hineinplatzten', werden mit dem **past simple** beschrieben.

While I was having a bath,	(lang)	Während ich badete,
my mobile rang.	(kurz)	klingelte mein Handy.

Das **past continuous** wird gebildet mit dem **past simple** von **be (was/were)** + Verb + **ing**.

I, he, she, it was talking.	Ich, er, sie, es unterhielten sich.
you, we, you, they were talking.	Du, wir, ihr, sie unterhielten sich.

Die Verneinung im **past continuous** wird gebildet mit der verneinten Form von **be (wasn't/was not, weren't/were not)** + Verb + **ing**.
Hier wird meistens die Kurzform benutzt.

I wasn't watching TV.	Ich habe nicht ferngesehen.
We weren't dancing.	Wir haben nicht getanzt.

Geschehen zwei Handlungen gleichzeitig und gleich lange, werden beide Aktionen mit dem **past continuous** ausgedrückt.
While I **was cooking** dinner, Lisa **was decorating** the table.
Während ich das Abendessen kochte, schmückte Lisa den Tisch.
(= d. h. die ganze Zeit, während ich kochte, schmückte sie!)

LÖSUNGEN:

a) **1.** I was sleeping, **2.** Pat was working, **3.** Bob and I were renovating, **4.** The dogs were playing; b) **1.** b), **2.** a), **3.** a), **4.** b), **5.** a)

42 PC – police constable and personal computer

a

Wofür stehen folgende Abkürzungen?*

1. Xma C_r_st_a_
2. RIP _est in _ea_e
3. UFO _nidentified _ _ _ing _ _ject
4. VIP _er_ _mpor_ _ _ _ _ _erson
5. VAT _alue _dd_d _ax
6. Ltd. _imit_d
7. B&B _e_ and _ _ _ _ _fast
8. DJ _is_ _o_ _ey

b

Was bedeuten folgende Abkürzungen auf Deutsch?**

1. VAT ☐ **A** Mehrwertsteuer ☐ **B** Wertanlage
2. RIP ☐ **A** Friedliche Demonstration ☐ **B** Ruhe in Frieden
3. VIP ☐ **A** sehr wichtige Person ☐ **B** sehr großer Import
4. AD ☐ **A** vor Christus ☐ **B** nach Christus
5. e.g. ☐ **A** extra Portion ☐ **B** zum Beispiel

42 Kurzformen und Abkürzungen

Folgende Kurzformen sind im Englischen häufig anzutreffen.

Mr	*Herr*
Mrs	*Frau*
Dr	*Doktor*
GCSE (General Certificate of Secondary Education)	*Mittlerer Schulabschluss*
BA/BSc (Bachelor of Arts/Sciences)	*erster akademischer Grad*
MA/MSc (Master of Arts/Sciences)	*zweiter akademischer Grad*
MP (Member of Parliament),	*Mitglied des Parlaments,*
GP (general practitioner)	*Hausarzt, praktischer Arzt*
c/o (care of)	*zu Händen (auf Postsendungen)*
encl. (enclosure)	*Anlage (bei Briefen)*
AD (anno domini)	*nach Christus*
BC (before Christ)	*vor Christus*

Einige Abkürzungen sind lateinischen Ursprungs:

PS (post scriptum)	*Anhang an einen Text (PS)*
e.g. (exempli gratia) for example	*zum Beispiel (z. B.)*
i.e. (id est) that is	*das heißt (d. h.)*
vs (versus) against	*gegen*
etc. (et cetera) and so on	*und so weiter (usw.)*

LÖSUNGEN:

a) **1.** Christmas, **2.** Rest in peace, **3.** unidentified flying object, **4.** very important person, **5.** value added tax, **6.** limited, **7.** bed and breakfast, **8.** disc jockey; b) **1.** a), **2.** b), **3.** a), **4.** a), **5.** b)

43 I haven't got any money.

a Schreiben Sie **some** oder **any** in die Lücken.*

1. Louisa, do you have __________ milk at home?
2. They don't have __________ mushrooms here.
3. I'll buy __________ fruit at the market.
4. There aren't __________ eggs in the fridge.
5. We need __________ vegetables.
6. I didn't eat __________ sweets.

b Wählen Sie die richtigen Wörter aus der Box aus. Achtung! Ein Wort ist zuviel.**

someone - anybody - nothing - everybody - everything - something - anything

1. Listen Jack. There is _______________ at the door.
2. Do you want _______________ special?
3. I like your house. _______________ is decorated so nicely.
4. We could cook _______________ with chicken.
5. Now _______________ knows my mobile number. That's terrible.
6. I haven't asked _______________ for advice.

43 *Some, any* und Zusammensetzungen

Mit **some** und **any** drückt man eine unbestimmte Menge von etwas aus. Man setzt diese Wörter vor nicht zählbare Dinge wie **sugar**, **milk**, **money** etc. Sie werden im Deutschen oft gar nicht übersetzt.
Folgende Regeln sind zu beachten:

In bejahten Sätzen benutzt man **some**.

We need some butter.	*Wir brauchen Butter.*

In verneinten Sätzen und Fragen benutzt man **any**.

Do you have any sugar at home?	*Hast du Zucker zu Hause?*
No, I don't have any sugar.	*Nein, ich habe keinen Zucker.*

Wenn es sich allerdings um ein **höfliches Angebot** oder eine **höfliche Bitte** handelt, darf man **some** auch in Fragen verwenden.

Would you like some tea?	*Möchtest du Tee?*
Could you lend me some money?	*Könntest du mir Geld leihen?*

ABC

Die gleichen Regeln gelten für Zusammensetzungen von **some** und **any**.

someone, anyone/not anyone	*(irgend) jemand, niemand*
something, anything/not anything	*(irgend) etwas, (überhaupt) nichts*

LÖSUNGEN:

a) **1.** any, **2.** any, **3.** some, **4.** any, **5.** some, **6.** any; b) **1.** somebody, **2.** anything, **3.** Everything, **4.** something, **5.** everybody, **6.** anybody

44 What kind of food is good for you?

a Obstsalat! Hier sind die Buchstaben von verschiedenen Früchten durcheinandergeraten.*

1. MOLEN ______________ *(Zitrone)*
2. PCHEA ______________ *(Pfirsich)*
3. PAPEL ______________ *(Apfel)*
4. SYTWRABERR ______________ *(Erdbeere)*
5. IPNEPAPLE ______________ *(Ananas)*
6. MOLEN ______________ *(Melone)*

b Ergänzen Sie die passende Nahrungsmittelgruppe.*

meat - dairy - vegetables - fish - poultry

1. ______________ such as tomatoes and carrots are good for you.
2. Beef, pork and ham are common types of ______________.
3. Chicken and turkey are part of the ______________ food group.
4. Tuna and trout are types of ______________.
5. ______________ products such as milk and cheese are healthy.

WORTSCHATZ

ABC

44 Lebensmittel

Lebensmittel lassen sich in verschiedene Gruppen einteilen.

Obst	*fruit*
Gemüse	*vegetables*
Fleisch	*meat*
Geflügel	*poultry*
Fisch	*fish*
Milchprodukte	*dairy (products)*

Lebensmittel kauft man im Supermarket *(Supermarkt)* oder

at the greengrocer's	*beim Obst- und Gemüsehändler*
at the butcher's	*beim Metzger*
at the baker's	*beim Bäcker*

ABC

Man unterscheidet das Tier vom verzehrbaren Fleisch.

cow	*Rind*	aber: beef	*Rindfleisch*
pig	*Schwein*	aber: pork	*Schweinefleisch*

Getränke kauft man im Supermarkt oder an Tankstellen – es gibt keine Getränkeläden. In GB gibt es ‚off-licences', in denen alkoholische Getränke verkauft werden. Getränke werden nicht in Getränkekisten angeboten, Pfand gibt es auch nicht.

LÖSUNGEN:

a) **1.** lemon, **2.** peach, **3.** apple, **4.** strawberry, **5.** pineapple, **6.** melon; b) **1.** vegetables, **2.** meat, **3.** poultry, **4.** fish, **5.** dairy

45 Two cups of coffee, please.

a **Much, many** oder **a lot of**? Unterstreichen Sie.*

1. I always buy **much/many/a lot of** fruit at the market.
2. How **much/many/a lot of** onions do we need?
3. Not too **much/many/a lot of** sugar, please.
4. How **much/many/a lot of** wine is in the bottle?
5. There is **much/many/a lot of** salt in the soup.
6. There aren't **much/many/a lot of** tourists in our city.

b Verbinden Sie die Lebensmittel mit der passenden Verpackung.*

1. a bottle of	___	**A** tuna
2. a packet of	___	**B** Coke
3. a tin of	___	**C** milk
4. a can of	___	**D** crisps
5. a bar of	___	**E** bread
6. a loaf of	___	**F** chocolate
7. a carton of	___	**G** champagne

45 Mengenangaben

Im Englischen gibt es drei Möglichkeiten *viel* bzw. *viele* zu sagen: **much** *(viel)*, **many** *(viele)* und **a lot of** *(viel, viele)*.

A lot of benutzt man in positiven Aussagesätzen.

There were a lot of people at the market yesterday.	*Gestern waren viele Menschen auf dem Markt.*
Nick won a lot of money.	*Nick hat viel Geld gewonnen.*

Much steht in Fragen und verneinten Sätzen vor **nicht zählbaren** Substantiven wie **money, sugar, salt, sand, water** etc.

These flowers don't need much water.	*Diese Blumen brauchen nicht viel Wasser.*

Many steht in Fragen und verneinten Sätzen vor **zählbaren** Substantiven wie **boxes, packets, animals, friends, houses** etc.

How many cats does Sam have?	*Wie viele Katzen hat Sam?*

few people – *wenig Leute* aber: little money – *wenig Geld*

LÖSUNGEN:

a) **1.** a lot of, **2.** much, **3.** much, **4.** much, **5.** a lot of, **6.** many; b) **1.** G/B, **2.** D, **3.** A, **4.** B, **5.** F, **6.** E, **7.** C

46 Before and after

a Bilden Sie vier Sätze und zwei Fragen im **past perfect.***

1. Mr Ben/buy a car ______________________
2. Tom/not/prepare dinner ______________________
3. Dan/finish the text? ______________________
4. We/not be informed ______________________
5. I/take the bus ______________________
6. You/close the door? ______________________

b Entscheiden Sie sich für **past simple** oder **past perfect.****

1. After the party **ended/had ended** I relaxed and had a drink.
2. My boss **was/had been** quite upset after I hadn't finished the text.
3. After we **saw/had seen** the chaos inside we saw the broken door.
4. The robber **ate/had eaten** the cake before he stole the computer.
5. After Sue and Mark **got married/had got married**, they went to Paris.
6. Before my sister started her job, **she went/had gone** on a world tour.

46 Das *past perfect*

Das **past perfect** wird benutzt für Handlungen, die in der Vergangenheit noch vor einem anderen Ereignis stattgefunden haben. Kombiniert werden solche Sätze gerne mit dem **past simple**. Typisch für die Kombination von **past perfect** und **past simple** sind Sätze, die mit **before** oder **after** beginnen.

Before I went to the cinema, I **had eaten** a pizza.	*Bevor ich ins Kino ging, habe ich eine Pizza gegessen.*
After I **had eaten** a pizza, I went to the cinema.	*Nachdem ich eine Pizza gegessen hatte, bin ich ins Kino gegangen.*

Das **past perfect** wird für alle Personen mit **had** + 3. Form gebildet.
I, you, he, she, it, we, you, they → **had eaten** a pizza.

Verneinung:
I, you, he, she, it, we, you, they → **hadn't/had not eaten** a pizza.

Frage:

Had you **eaten** anything before you went to the cinema?	*Hast du etwas gegessen, bevor du ins Kino gegangen bist?*

Nicht die deutsche Übersetzung entscheidet über den Gebrauch des **past perfect,** sondern die Tatsache, dass ein Ereignis weiter zurückliegt als ein anderes!

LÖSUNGEN:

a) **1.** Mr Ben had bought a car., **2.** Tom hadn't/had not prepared dinner., **3.** Had Dan finished the text?, **4.** We hadn't/had not been informed., **5.** I had taken the bus., **6.** Had you closed the door?; b) **1.** had ended, **2.** was, **3.** had seen, **4.** had eaten, **5.** had got married, **6.** had gone

47 Can I have the menu, please?

a Diese Sätze sind im Restaurant oft zu hören.
Schreiben Sie die fehlenden Wörter in die Lücken.*

salad - house - meal - order - else - cash - rare - would

1. May I take your ______________?
2. What ______________ you like to drink?
3. Are you enjoying your ______________?
4. Would you like the ______________ as a starter?
5. Can I bring you anything ______________?
6. We'd like to offer you coffee on the ______________.
7. How would you like your steak? ______________, medium or well-done?
8. How would you like to pay? By credit card or ______________?

b Sie möchten im Restaurant bezahlen. Welches Verb ist richtig?*

1. Could you **have/bring/pay** me the bill, please?
2. I'd like to **give/make/pay** by credit card.
3. You can **keep/hold/have** the change.

47 Im Restaurant

Im Restaurant kann man auf unterschiedliche Weise etwas bestellen.

Could I have a glass of white wine/red wine, please?	*Könnte ich bitte ein Glas Weißwein/Rotwein haben?*
Do you have any vegetarian dishes?	*Haben Sie vegetarische Gerichte?*
I'll have the lasagne.	*Ich nehme die Lasagne.*
I'd like some rice with it, please.	*Ich hätte gerne Reis dazu.*

ABC

Speisekarten können Gerichte unter folgenden Rubriken haben:

starter	*Vorspeise*	side dish	*Beilage*
main course	*Hauptgericht*	dessert	*Nachspeise*

ABC

Im Restaurant:

menu	*Speisekarte*	to book a table	*einen Tisch buchen*
bill	*Rechnung*	to order	*bestellen*
napkin/ serviette	*Serviette*	to pay cash	*bar bezahlen*

LÖSUNGEN:

a) **1.** order, **2.** would, **3.** meal, **4.** salad, **5.** else, **6.** house, **7.** Rare, **8.** cash; b) **1.** bring, **2.** pay, **3.** keep

48 What would you like for breakfast?

a Übersetzen Sie die drei wichtigsten Mahlzeiten des Tages.*

1. Frühstück ____________________
2. Mittagessen ____________________
3. Abendessen ____________________

b Schreiben Sie die englischen Wörter für das Besteck auf.*

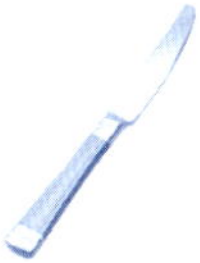

1. ____________ 2. ____________ 3. ____________

c Welche neun Zutaten kann ein **full English breakfast** enthalten?**

1. ☐ eggs
2. ☐ fried mushrooms
3. ☐ black pudding
4. ☐ tea or coffee
5. ☐ bacon
6. ☐ ham
7. ☐ fried tomatoes
8. ☐ baked beans
9. ☐ cheese
10. ☐ sausages
11. ☐ fried bread or toast
12. ☐ strawberry jam

48 Frühstück in Großbritannien

Ein **fry-up**, in England (nicht in Schottland, Wales oder Irland) auch **full English breakfast** genannt, ist zwar typisch für die Britischen Inseln (auch Australien, Neuseeland, Südafrika), wird aber von deren Bewohnern in der Regel nicht jeden Tag verspeist. Es ist auf jeden Fall sehr kalorienreich und wegen der in Fett gebratenen Lebensmittel auch nicht unbedingt als gesund zu bezeichnen. Aber einmal im Monat oder nach einer langen Clubnacht kann es einfach gut tun.

Alternativ wird in B&Bs oder Hotels auch das **Continental breakfast** angeboten. Manche Touristen ziehen diese Variante vor:

milk, tea or coffee	*Milch, Tee oder Kaffee*
fruit juice (orange juice)	*Fruchtsaft* (meistens Orangensaft)
cereals	*Cerealien* (Cornflakes, Müsli etc.)
croissants or toast	*Croissants oder Toast*
pastry	*Gebackenes* (aus Blätterteig, Mürbeteig)
jam	*Marmelade*
marmalade	*Orangenmarmelade*

Eier können wie folgt serviert werden:

boiled eggs	*gekochte Eier*	scrambled eggs	*Rühreier*
poached eggs	*pochierte Eier*	fried eggs	*Spiegeleier*

LÖSUNGEN:

a) **1.** breakfast, **2.** lunch, **3.** dinner; b) **1.** knife, **2.** fork, **3.** spoon; c) **1.**, **2.**, **3.**, **4.**, **5.**, **7.**, **8.**, **10.**, **11.**

49 What are you going to do in summer?

a Was planen diese Personen für ihren nächsten Urlaub? Setzen Sie die richtige Form des **going to-future** ein.*

1. Harry ________________ (meet) some friends in the USA.
2. Susan ________________ (relax) on a wellness farm.
3. Maren ________________ (sleep) in every morning.
4. Peter and Pia ________________ (do) a hiking tour in the Alps.
5. My boss ________________ (dive) in the Great Barrier Reef.
6. We ________________ (go) fishing.
7. Sam ________________ (not work) at all.
8. I ________________ (not switch on) my computer for a week.

b Entscheiden Sie sich für **will-future** oder für **going to-future**.**

1. Mum and I **will clean/are going to clean** the windows tomorrow.
2. There **will be/are going to be** heavy showers during the night.
3. The sun **will shine/is going to shine** all day next Saturday.
4. **I'll spend/I'm going to spend** my holidays in Spain again next May.

49 *Going to-future*

Das **going to-future** benutzt man hauptsächlich für

1. Pläne oder Ideen für die Zukunft

I'm going to have a party.	*Ich habe vor eine Party zu geben.* Oder: *Ich gebe eine Party.*

2. Vorhersagen für ein Ereignis, für das es deutliche Anzeichen gibt.

Caro is going to have her baby soon.	*Caro bekommt bald ihr Baby.*

!

Wettervorhersagen werden mit dem **will-future** ausgedrückt.

Gebildet wird das **going to-future** mit **be + going to + Verb**:

Langform	Kurzform
I am going to run	I'm going to run
you are going to run	you're going to run
he, she, it is going to run	he's, she's, it's going to run
we, you, they are going to run	we're, you're, they're going to run

Das **going to-future** wird im Deutschen mit Präsens übersetzt.

We're going to fly to Rome in May.	*Wir fliegen im Mai nach Rom.*
He's not going to give up.	*Er hat nicht vor aufzugeben.*
Are you going to join the club?	*Hast du vor dem Klub beizutreten?*

LÖSUNGEN:

a) **1.** is going to meet, **2.** is going to relax, **3.** is going to sleep, **4.** are going to do, **5.** is going to dive, **6.** are going to go, **7.** is not/isn't going to work, **8.** am/'m not going to switch on; b) **1.** are going to clean, **2.** will be, **3.** will shine, **4.** I'm going to spend

50 How did you get there?

Welche Transportmittel sind hier abgebildet? Tragen Sie die Begriffe ins Kreuzworträtsel ein.*

1

2

3

4

5

6

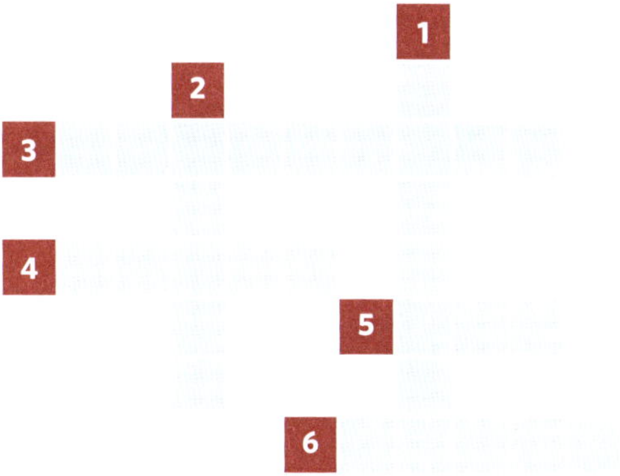

ABC

50 Transportmittel

Im Deutschen fährt man **mit** einem Transportmittel, im Englischen heißt es **by**:

You go **by car/by train/by bus/by underground/by bike/by plane**.
Man fährt mit dem Auto/mit dem Zug/mit dem Bus/mit der U-Bahn/ mit dem Fahrrad/mit dem Flugzeug.

Nur, wenn man mit dem Auto fährt, kann man **drive** benutzen.
In allen anderen Fällen nimmt man **go**.

I **went** to Rome.	*Ich fuhr (mit dem Zug/Bus etc.) nach Rom.*
I **drove** to Rome.	*Ich fuhr (mit dem Auto) nach Rom.*

ABC

Hilfreiche Verben beim Reisen:

to travel	*reisen*	to leave	*abfahren*
to get on	*einsteigen*	to change	*umsteigen*
to get off	*aussteigen*	to take off	*abheben*
to arrive	*ankommen*	to land	*landen*
to depart	*abfliegen*	to cancel	*stornieren*

LÖSUNGEN:

1. bicycle, **2.** train, **3.** motorbike, **4.** plane, **5.** car, **6.** ferry

51 My train leaves at eight p.m.

Setzen Sie die Wendungen aus der Box richtig ein.*

ticket office - is delayed - bus station - arrives - miss -
in an hour - timetable - pick me up - ticket machine - change for -
cancelled - reservation

1. Hi Dirk, my train ______________ *(kommt an)* at 8.15 p.m.
2. Our plane ______________ *(hat Verspätung)*.
3. Let's look at the ______________ *(Fahrplan)*.
4. Excuse me, where's the ______________ *(Fahrkartenschalter)*?
5. There's a ______________ *(Fahrkartenautomat)* in the corner.
6. The train departs ______________ *(in einer Stunde)*.
7. Let's meet at the ______________ *(Busbahnhof)*.
8. In Kassel you have to ______________ *(umsteigen nach)* Berlin.
9. You're late. You'll ______________ *(verpassen)* the last bus.
10. Could you ______________ *(mich abholen)*, please?
11. I don't have a ______________ *(Reservierung)*.
12. Oh no, they ______________ *(haben gestrichen)* the flight.

51 Ankunfts- und Abfahrtszeiten

Über Abfahrtszeiten, Ankunftszeiten, Fahrpläne und Stundenpläne spricht man im Englischen mit dem **present simple**, auch wenn es sich dabei um etwas in der Zukunft handelt.

Denken Sie daran, bei Bedarf ein s an das Verb zu hängen.
Transportmittel sind Gegenstände (= **it** → He, she it, das s muss mit.)

The train arrives at 6 p.m.	*Der Zug kommt um 18 Uhr an.*
The next bus leaves at 7 a.m.	*Der nächste Bus fährt um 7 Uhr.*
We have English tomorrow.	*Wir haben morgen Englisch.*

a.m. für alle Uhrzeiten von 00:00 - 11:59
z. B. 7:45 Uhr: → 7:45 (seven forty-five) **a.m.**

p.m. für alle Uhrzeiten von 12:00 - 23:59
z. B. 14:30 Uhr: → 2:30 (two thirty) **p.m.**

Hilfreiche Verben beim Reisen:

to travel	*reisen*	to miss	*verpassen*
to get on	*einsteigen*	to change (for)	*umsteigen (nach)*
to get off	*aussteigen*	to take off	*starten, abheben*
to arrive	*ankommen*	to land	*landen*
to leave/depart	*abfahren*	to cancel	*stornieren*

LÖSUNGEN:

1. arrives, **2.** is delayed, **3.** timetable, **4.** ticket office, **5.** ticket machine, **6.** in an hour, **7.** bus station, **8.** change for, **9.** miss, **10.** pick me up, **11.** reservation, **12.** cancelled

52 Single room or double room

a Verbinden Sie die Fragen mit den passenden Antworten.*

1. Do you have a double room free?
2. Is it a non-smoking room?
3. Does the room have a TV?
4. Can we bring our dog?
5. Do you serve breakfast?

___ **A** Yes, and internet access.
___ **B** I'm sorry, but pets are not allowed.
___ **C** Yes, from 9 to 10.30.
___ **D** No, I'm afraid, we're fully booked.
___ **E** All our rooms are non-smoking.

b Ergänzen Sie die Lücken mit Wörtern aus der Box.*

special offer - take - free - help - double room - how much

1. Good afternoon. Can I ______________ you?
2. Yes please. Do you have a room ______________?
3. Yes, certainly. I can offer you a ______________ with a shower.
4. Fine. ______________ is it?
5. We have a ______________, £45 per person per night.
6. That's great. I'll ______________ it. Thank you.

KOMMUNIKATION

52 Ein Zimmer buchen

Wenn Sie ein Zimmer am Telefon buchen wollen, ...

... grüßen Sie.	Good morning/afternoon/evening.
... sagen Sie Ihren Namen.	My name is Jack Johnson.
... nennen Sie Ihr Anliegen.	Do you have a room free?
... sagen Sie das Datum.	It's for 2nd March.
... fragen Sie nach dem Preis.	How much is it?
... fragen Sie nach Extras.	Can I bring my dog?
... bedanken Sie sich.	Thank you for the information.
... denken Sie darüber nach,	I'll think about it.
... oder nehmen Sie es.	I'll take it.

ABC

Nützliche Wörter:

single room/double room	*Einzelzimmer/Doppelzimmer*
ensuite room	*Zimmer mit eigenem Bad*
self catering accommodation	*Unterkunft für Selbstversorger*
peaceful location	*ruhige Lage*
recommended	*empfohlen*
access to pubs	*Zugang zu Kneipen*
within walking distance	*zu Fuß zu erreichen*
evening meals available	*Abendmahlzeiten erhältlich*
pets welcome	*Haustiere willkommen*
no pets	*keine Haustiere*
internet access/WiFi	*Internetzugang/WLAN*

LÖSUNGEN:

a) **1.** D, **2.** E, **3.** A, **4.** B, **5.** C; b) **1.** help, **2.** free, **3.** double room, **4.** How much, **5.** special offer, **6.** take

53 Anything to declare?

a Um welchen Ausweis handelt es sich?*

1. identity card	___	**A**	Studentenausweis
2. driving licence	___	**B**	Reisepass
3. identity card for the disabled	___	**C**	Krankenversichrungs-karte
4. passport	___	**D**	Personalausweis
5. student card	___	**E**	Führerschein
6. health insurance card	___	**F**	Behindertenausweis

b Füllen Sie die Lücken der folgenden Sätze/Fragen.*

1. Where is my luggage?	Wo ist mein ______________?
2. Anything to declare?	Haben Sie irgendetwas zu ______________?
3. Your passport, please.	Ihren ______________, bitte.
4. How much perfume did you buy?	Wie viel ______________ haben Sie gekauft?
5. What's your destination?	Was ist Ihr ______________?
6. Why are you going there?	______________ fahren Sie dorthin?

53 An der Grenze

An der Grenze :

Your passport, please.	*Ihren (Reise)pass, bitte.*
Where are you going?	*Wohin fahren Sie?*
Anything to declare?	*Haben Sie irgendetwas zu verzollen?*
Park your car in lane 3.	*Stellen Sie Ihr Auto in Spur 3 ab.*
Open your boot, please.	*Öffnen Sie bitte Ihren Kofferraum.*

ABC

Nützliches Reisevokabular:

luggage, baggage	*Reisegepäck*
baggage claim area	*Gepäckausgabe*
to pay customs	*Zoll zahlen*
check-in desk	*Abfertigungsschalter*
security check	*Sicherheitscheck*

In den englischsprachigen Ländern Großbritannien, Irland, USA, Kanada, Australien, Neuseeland gibt es für die Bürger keine Meldepflicht. Sie brauchen daher auch keinen Personalausweis (**identity card**). Zur Einreise in ein anderes Land aber benötigen sie einen Reisepass (**passport**).

LÖSUNGEN:

a) **1.** D, **2.** E, **3.** F, **4.** B, **5.** A, **6.** C; b) **1.** Gepäck, **2.** verzollen, **3.** Ausweis/Reisepass, **4.** Parfüm, **5.** Reiseziel, **6.** Warum

54 Facts about the Royal Family in Great Britain

Welche Aussagen über die **Royal Family** treffen zu?**

1. Queen Elizabeth II and Prince Philip have four children. They are
   - ☐ **A** Charles, Diana, Andrew, Beatrice.
   - ☐ **B** Charles, Anne, Andrew, Edward.

2. Prince Philip was born in
   - ☐ **A** Corfu and went to school in *Schloss Salem*.
   - ☐ **B** Copenhagen and went to school in London.

3. The members of the Royal Family have a surname, too. It is
   - ☐ **A** Mountbatten-Windsor.
   - ☐ **B** Oxford-Chambery.

4. An important part of the work of the Queen is
   - ☐ **A** to support her eight grandchildren.
   - ☐ **B** to support charities.

5. Queen Elizabeth II spends Christmas with her family in
   - ☐ **A** Windsor Castle.
   - ☐ **B** Sandringham Castle.

6. Elizabeth II was crowned queen in
   - ☐ **A** 1952.
   - ☐ **B** 1953.

7. Who becomes king after Queen Elizabeth II?
   - ☐ **A** Prince Charles
   - ☐ **B** Prince William

54 Die königliche Familie

Am 20. November 1947 heiratet **Princess Elizabeth** (21) Lieutenant Philip Mountbatten (26). Sie bekommen vier Kinder, acht Enkelkinder sowie bislang 2 Urenkelkinder.

Am 6. Februar 1952, dem Todestag ihres Vaters, wird Elizabeth zur Königin proklamiert und erst 16 Monate später, am 2. Juni 1953, zur **Königin Elizabeth II** gekrönt.

Sie ist das Oberhaupt von Großbritannien, Nordirland und 15 Ländern des Commonwealth. Ebenso ist sie das Oberhaupt der Anglikanischen Kirche und der britischen Streitkräfte.

Wohnsitze:

Buckingham Palace, London:	für Staatsbesuche und königliche Zeremonien, Büroräume
Kensington Palace, London:	Büroräume und Privatunterkunft vieler Mitglieder der königlichen Familie
Windsor Castle, Windsor:	Privatresidenz am Wochenende, für Staatsbesuche aus Übersee
Balmoral Castle, Scotland:	Privatresidenz im August/ September
Sandringham Castle, Norfolk:	offizieller Wohnsitz zwischen Weihnachten und Februar

In der **Thronfolge** steht der Erstgeborene der Queen (Charles), dann seine Kinder (William, dann Henry, der als „Harry" besser bekannt ist), danach der Drittgeborene Andrew und seine zwei Töchter, dann Edward, der Viertgeborene und seine Kinder, und dann erst Anne (Zweitgeborene) und deren Kinder usw.

LÖSUNGEN:

1. b), **2.** a), **3.** a), **4.** b), **5.** b), **6.** b), **7.** a)

55 Who or which or whose?

a Streichen Sie das falsche Relativpronomen durch.*

1. A vet is someone **who/that/which** works with animals.
2. I'm looking for a job **who/that/which** brings a lot of money.
3. We can talk to an expert **who/that/which** knows a lot about fish.
4. Were you in the train **who/that/which** stopped in the tunnel?
5. Do you know the girl **who/that/which** came from Berlin?
6. Mona bought some shoes **who/that/which** are too small.

b Wählen Sie die richtigen Wörter aus der Box.**

whose – whose – in which – which – which – to whom

1. This is the store ____________ I work as a shop assistant.
2. I know a person ____________ pets are snakes.
3. English is a language ____________ is learnt quite easily.
4. This is Mrs Keen ____________ you sent your application.
5. Luke, ____________ car was damaged last night, wasn't hurt at all.
6. They gave me three projects ____________ is too much for me.

55 Relativsätze

In Relativsätzen benutzt man Relativpronomen. Sie sind unveränderlich und im Singular und Plural gleich. Man benutzt

the woman **who** ...	*die Frau, die ...*	nur bei Personen
the book **which** ...	*das Buch, das ...*	nur bei Sachen
the boy **that** ...	*der Junge, der ...*	bei Personen und Sachen
Tom **whose** ...	*Tom, dessen ...*	bei Personen und Sachen
the man **whom** ...	*der Mann, den/dem ...*	nur bei Personen

Relativsätze geben zusätzliche Informationen zu einer Person oder einer Sache (mit **who, which, that, (to) whom**) oder drücken Besitz oder Zugehörigkeit aus (mit **whose**).

Is this the man **who/that** worked with you?	*Ist das der Mann, **der** mit dir gearbeitet hat?*
I took the PC **which/that** was cheaper.	*Ich habe den PC genommen, **der** billiger war.*
This is the man to **whom** I'm married.	*Das ist der Mann, mit **dem** ich verheiratet bin.*
This is Rona, **whose** son went to the USA.	*Das ist Rona, **deren** Sohn in die USA gegangen ist.*

Präpositionen können mit Relativpronomen eine Einheit bilden.

The museum **in which** I got lost is in Cologne.	*Das Museum, **in dem** ich mich verlaufen habe, ist in Köln.*

LÖSUNGEN:

a) Durchgestrichen müssen sein **1.** which, **2.** who, **3.** which, **4.** who, **5.** which, **6.** who; b) **1.** in which, **2.** whose, **3.** which, **4.** to whom, **5.** whose, **6.** which

56 What's your job?

a Nennen Sie die deutsche Bezeichnung für folgende Berufe.*

1.	builder	B										
2.	butcher	M										
3.	vet	T										
4.	engineer	I										
5.	carpenter	S										
6.	hairdresser	F										

b Wie unterhält man sich über Arbeit? Kreuzen Sie an.*

1. Wie fragen Sie jemanden nach dem Beruf?
☐ **A** Do you work? ☐ **B** What do you do?

2. Wie sagen Sie, dass Sie arbeitslos sind?
☐ **A** I don't work. ☐ **B** I'm unemployed

3. Wie sagen Sie, dass Sie im Ausland arbeiten?
☐ **A** I work abroad. ☐ **B** I'm a foreigner.

4. Wie sagen Sie, dass Sie Teilzeit arbeiten?
☐ **A** I work part-time. ☐ **B** I work half-day.

56 Berufe und Jobs

Die meisten Berufe im Englischen benutzen die gleiche Bezeichnung für die männliche und die weibliche Person. Einige Ausnahmen sind:

waiter, waitress	*Ober, Bedienung*
actor, actress	*Schauspieler, Schauspielerin*
policeman, policewoman	*Polizist, Polizistin*

ABC

Verschiedene Arbeitsweisen:

full-time	*Vollzeit*	part-time	*halbtags*
part-time	*Teilzeit*	overtime	*Überstunden*
flexitime	*Gleitzeit*	nightshift	*Nachtschicht*

Häufige Wendungen:

Martha runs a café.	*Martha betreibt ein Café.*
For staff only	*Nur für Personal*
I'm out of work/unemployed.	*Ich bin arbeitslos.*
My contract is running out.	*Mein Vertrag läuft aus.*
His job is temporary/permanent.	*Sein Job ist befristet/ unbefristet.*
Do you earn enough money?	*Verdienst du genug Geld?*
I'm well-paid/badly-paid.	*Ich werde gut/schlecht bezahlt.*
Bob handed in his notice yesterday.	*Bob hat gestern gekündigt.*

LÖSUNGEN:

a) **1.** Bauarbeiter, **2.** Metzger, **3.** Tierarzt, **4.** Ingenieur, **5.** Schreiner, **6.** Friseur; b) **1.** b), **2.** b), **3.** a), **4.** a)

57 All about the computer

a Die folgenden Befehle kennen Sie sicher von Ihrem Computer. Wählen Sie die richtige Übersetzung.*

1. *löschen*
- ☐ **A** stop
- ☐ **B** lose
- ☐ **C** delete

2. *öffnen*
- ☐ **A** open
- ☐ **B** undo
- ☐ **C** begin

3. *drucken*
- ☐ **A** write
- ☐ **B** spell
- ☐ **C** print

4. *kopieren und einfügen*
- ☐ **A** copy and paste
- ☐ **B** copy and cut
- ☐ **C** copy and go

5. *rückgängig machen*
- ☐ **A** go behind
- ☐ **B** undo
- ☐ **C** return

6. *Rechtschreibung prüfen*
- ☐ **A** test writing
- ☐ **B** check spelling
- ☐ **C** print checking

b Verbinden Sie die Sätze mit ihrer Übersetzung.**

1. I'm deleting the message.	___	**A**	*Diese Suchmaschine taugt nichts.*
2. The printer is off.	___	**B**	*Ich lösche die Nachricht.*
3. This search engine is useless.	___	**C**	*Sie bekommt viele Spammails.*
4. Her computer crashed.	___	**D**	*Der Drucker ist aus.*
5. She gets a lot of spam.	___	**E**	*Ihr Computer ist abgestürzt.*

57 Am Computer

Viele Wörter, die wir im Zusammenhang mit dem Computer benutzen, kommen aus dem Englischen. Aber wissen Sie auch deren Bedeutung? Hier ist eine Auswahl.

ABC

Rund um den Computer

user	*Benutzer(in)*	to print	*(aus)drucken*
mouse	*(Computer)maus*	to press	*drücken*
mousepad	*Mauspad*	to install	*installieren*
screen	*Bildschirm*	to save	*speichern, sichern*
keyboard	*Tastatur*	to copy	*kopieren*
escape key	*Escape-Taste*	file	*Datei*
drive	*Laufwerk*	data	*Daten*
hard disk	*Festplatte*	power cable	*Stromkabel*

Nützliche Wendungen

Does the program run on your PC?	*Läuft das Programm auf deinem PC?*
Have you saved your text?	*Hast du deinen Text gespeichert?*
I'd rather take an ink-jet printer.	*Ich würde lieber einen Tintenstrahldrucker nehmen.*
Use the right mouse button to delete the statements	*Drücke die rechte Maustaste um die Kommentare zu löschen.*

LÖSUNGEN:

a) **1.** c, **2.** a, **3.** c, **4.** a, **5.** b, **6.** b; b) **1.** B, **2.** D, **3.** A, **4.** E, **5.** C

58 How to write a letter or an e-mail

a Bringen Sie diese Adresse in die richtige Reihenfolge.*

A Branburry

B 45 Highway Avenue

C Mr J.P. Queensway

D Great Britain

E AP7 5RT

F c/o Mr Hunter

Richtige Reihenfolge: ____________________

b Welche englischen Abschlussformeln eines Briefes stecken hinter diesem Buchstabensalat?**

1. YUSOR CRLSINEEY ____________________
2. ESE UYO ____________________
3. LVEO ____________________
4. TEBS HWISSE ____________________
5. STOL FO LVEO ____________________
6. EYB ORF WNO ____________________
7. THIW NKID ERAGRSD ____________________

58 Briefe und E-Mails schreiben

Ein Brief folgt bestimmten Formalitäten. Im Englischen sind das

address	*Adresse*	regards	*Grüße*
date	*Datum*	signature	*Unterschrift*
form of address	*Anrede*		

Weitere wichtige Punkte:

- Nach der Anrede kann im britischen Englisch ein Komma stehen, muss aber nicht → **Dear Anna(,)**
- In der ersten Zeile danach wird mit großem Buchstaben angefangen.
- Nach den Grüßen kann ebenfalls ein Komma stehen, muss aber nicht → **Best wishes(,)**

Begrüßung privat:

Hi ... Hello ... Dear ...	*Hi ..., Hallo ..., Liebe(r) ...*

Begrüßung geschäftlich:

Dear Mrs/Mr ...	*Sehr geehrte(r) Frau/Herr ...*
Dear Sir or Madam	*Sehr geehrte Damen und Herren*

Verabschiedung privat:

Bye, Bye bye, Bye for now	*Tschüs, Tschüs für heute*
Best wishes, Kindest regards	*Viele Grüße, Herzliche Grüße*
CU (See you), Love, Lots of love	*Bis bald, Liebe Grüße*

Verabschiedung geschäftlich:

Yours sincerely, Yours faithfully	*Hochachtungsvoll*
With kind regards	*Mit freundlichen Grüßen*

LÖSUNGEN:

a) C, F, B, A, E, D; b) **1.** Yours sincerely, **2.** See you, **3.** Love, **4.** Best wishes, **5.** Lots of love, **6.** Bye for now, **7.** With kind regards

59 What's your number?

a Hier haben sich Wörter versteckt, die mit dem Telefonieren zu tun haben. Die deutsche Bedeutung in Klammern hilft Ihnen.*

1. MFTMOBILEPHONENTH ________________ *(Handy)*
2. DEZENGAGEDUTRIGED ________________ *(besetzt)*
3. KLIMESSAGENDERENT ________________ *(Nachricht)*
4. DETERURGENTHROWY ________________ *(dringend)*
5. ANCONNECTIONRUNK ________________ *(Verbindung)*

b Was sagen Sie, wenn ...*

1. ... Sie wissen möchten, wer am Apparat ist?
   - ☐ **A** Can I call you back?
   - ☐ **B** Who's speaking, please?
   - ☐ **C** My name is ...
2. ... Sie eine Nachricht hinterlassen möchten?
   - ☐ **A** Can I leave a message?
   - ☐ **B** Did someone leave a message?
   - ☐ **C** Can I let a notice?
3. ... wenn der Anrufer warten soll?
   - ☐ **A** Can I call you back?
   - ☐ **B** I'll put you through.
   - ☐ **C** Just a moment, please.

59 Telefonieren und simsen

Nützliche Wendungen:

Give me a ring, please.	*Ruf mich bitte an.*
Hold the line, please.	*Bitte bleiben Sie am Apparat.*
I'll put you through.	*Ich verbinde Sie.*
Please switch off your mobile phones.	*Bitte schalten Sie Ihre Handys aus.*

Nicht verwechseln!

1. Ein Handy ist im Englischen ein **mobile phone**. Das Wort **handy** gibt es auch. Es ist ein Adjektiv und bedeutet *praktisch, nützlich.*
2. Eine SMS verschicken heißt im Englischen **to send a text** oder **to text** (kurz für **text message** – *Textnachricht*)

Hier sind einige Abkürzungen, die Sie beim Verschicken einer privaten SMS in Englisch benutzen können:

ruok? → Are you OK?	*Alles in Ordnung bei dir?*
np → no problem	*kein Problem*
gr8 → great	*großartig, klasse*
asap → as soon as possible	*so bald wie möglich*
CU → see you	*tschüs*

LÖSUNGEN:

a) **1.** mobile phone, **2.** engaged, **3.** message, **4.** urgent, **5.** connection; b) **1.** b, **2.** a, **3.** c

60 Where is the next bank?

a Setzen Sie die Wörter aus der Box neben die entsprechende deutsche Bedeutung.*

interest – debt – loan – savings – account – coin – to withdraw – cash – to transfer – banknote

1. überweisen ____________
2. Schulden ____________
3. Konto ____________
4. Ersparnisse ____________
5. Darlehen ____________
6. Bargeld ____________
7. Münze ____________
8. Geldschein ____________
9. abheben ____________
10. Zinsen ____________

b Wählen Sie das richtige Wort.**

1. My account is ☐ **A** overdrawn, ☐ **B** overwhelmed.
2. Can you ☐ **A** lend me, ☐ **B** borrow me some money, please?
3. Tony ☐ **A** lent, ☐ **B** borrowed Lisa's car yesterday.
4. You can pay ☐ **A** by check, ☐ **B** by cheque.
5. It's important ☐ **A** to spare, ☐ **B** to save some money.
6. Excuse me, where is the next ☐ **A** money machine, ☐ **B** cash machine?

60 Geld und Bankgeschäfte

Nützliche Wendungen:

I'd like to open an account.	*Ich möchte gerne ein Konto eröffnen.*
I need the statements, too.	*Ich brauche auch die Kontoauszüge.*
How much money do I owe you?	*Wie viel Geld schulde ich dir?*
I have enough savings.	*Ich habe genug gespart.*

ABC

Rund ums Geld:

pound (£)	*Pfund*	to spend	*ausgeben*
penny	*ein Penny*	to lend	*(aus)leihen*
pence (p)	*(ein, zwei etc.) Pence*	to borrow	*sich leihen*
euro (€)	*Euro*	to owe	*schulden*
dollar ($)	*Dollar*	to save	*sparen*
cent	*Cent*	to invest	*investieren*

Bank holidays sind Feiertage, an denen alle Büros, Behörden, viele Läden, und nicht nur die Banken, geschlossen bleiben.

LÖSUNGEN:

a) **1.** to transfer, **2.** debt, **3.** account, **4.** savings, **5.** loan, **6.** cash, **7.** coin, **8.** banknote, **9.** to withdraw, **10.** interest; b) **1.** a), **2.** a), **3.** b), **4.** b), **5.** b), **6.** b)

61 A good application

a Diese Wendungen sind bei Bewerbungen nützlich. Verbinden Sie.*

1. to apply for a job	___	**A**	das erste Bewerbungsgespräch
2. to look for a job	___	**B**	einen Führerschein haben
3. the first interview	___	**C**	sich für etwas interessieren
4. special skills/talents	___	**D**	Erfahrung in der Arbeitswelt
5. to be good at	___	**E**	einen Job suchen
6. to be interested in	___	**F**	besondere Fähigkeiten
7. work experience	___	**G**	sich um einen Job bewerben
8. to have a driving licence	___	**H**	gut sein in etwas

b Welche Adjektive haben sich hier versteckt?*

1. VAUHGORGANIZEDD ______________ *(organisiert)*

2. DINDEPENDENTATY ______________ *(unabhängig)*

3. ADAPTABLENETILDE ______________ *(anpassungsfähig)*

4. ARAENTERPRISINGS ______________ *(geschäftstüchtig)*

5. CTOUTOUTGOINGYE ______________ *(kontaktfreudig)*

61 Bewerbung

Für eine Bewerbung bereitet man Folgendes vor:

an application	*ein Bewerbungsschreiben*
a CV (curriculum vitae)	*Lebenslauf*
possible questions and answers at the interview	*mögliche Fragen und Antworten beim Bewerbungsgespräch*

ABC

Ein CV gibt Auskunft über:

name and address	*Name und Adresse*
nationality	*Nationalität*
date of birth	*Geburtsdatum*
place of birth	*Geburtsort*
marital status (single, married)	*Familienstand (ledig, verheiratet)*
education	*Schulbildung*
job experience, practical training	*Berufserfahrung*
internship	*Praktikum*
foreign languages	*(Fremd)sprachen*
hobbies	*Hobbys*

What's your favourite activity?	*Was ist Ihre Lieblingsbeschäftigung?*
I like organizing.	*Ich organisiere gern.*
I like talking to people.	*Ich spreche gerne mit Menschen.*
Do you like working outside?	*Arbeiten Sie gerne draußen?*
Are you interested in sports?	*Interessieren Sie sich für Sport?*

LÖSUNGEN:

a) **1.** G, **2.** E, **3.** A, **4.** F, **5.** H, **6.** C, **7.** D, **8.** B; b) **1.** organized, **2.** independent, **3.** adaptable, **4.** enterprising, **5.** outgoing

62 At work

a Hier sind die Buchstaben durcheinandergeraten. Schreiben Sie das englische Wort für die Gegenstände richtig auf.*

1 

2 

3 

poptal raidy lief

1. ____________ **2.** ____________ **3.** ____________

4 

5 

6 

necres nep potenad

4. ____________ **5.** ____________ **6.** ____________

b Kreisen Sie das richtige Wort ein.*

1. You usually **leave/start/resign from** work at 9 o'clock.

2. You sit at a **poultry/desk/chair** in an office.

3. You have a **stop/break/go** at lunchtime.

4. You can work with a **colleague/collage/college** or in a team.

ABC

62 Rund um die Arbeit

You work for a company.	*Man arbeitet für eine Firma.*
You work at Lister's.	*Man arbeitet bei Lister's.*
You are at work.	*Man ist bei der Arbeit.*
You can take a week off.	*Man kann eine Woche frei nehmen.*
You have a day off.	*Man hat einen Tag frei.*
You quit your job.	*Man kündigt seinen Job.*
You are fired.	*Man wird gefeuert.*
You retire.	*Man geht in den Ruhestand.*

ABC

Menschen am Arbeitsplatz:

employer	*Arbeitgeber(in)*	staff	*Personal*
employee	*Arbeitnehmer(in)*	colleague	*Kollege/Kollegin*
manager	*leitende(r) Angestellte(r)*	team	*Team*
management	*Geschäftsleitung*	apprentice	Auszubildende(r)
boss	*Chef(in)*	customer	*Kunde/Kundin*
owner	*Inhaber(in)*	patient	*Patient(in)*

LÖSUNGEN:

a) **1.** laptop, **2.** diary, **3.** file, **4.** screen, **5.** pen, **6.** notepad; b) **1.** start, **2.** desk, **3.** break, **4.** colleague

63 What is a handy man?

a Diese Wörter sind Wörtern im Deutschen ähnlich, aber was heißen sie wirklich? Kreuzen Sie an.*

1.	hose	☐ **A** Hose	☐ **B** Schlauch	☐ **C** Wirbelsturm
2.	serious	☐ **A** ernst	☐ **B** seriös	☐ **C** unterhaltsam
3.	meaning	☐ **A** Mahlzeit	☐ **B** Meinung	☐ **C** Bedeutung
4.	murder	☐ **A** Mörtel	☐ **B** Mörder	☐ **C** Mord
5.	handy	☐ **A** Handy	☐ **B** Angeber	☐ **C** praktisch
6.	confession	☐ **A** Religion	☐ **B** Geständnis	☐ **C** Einschulung

b Wie heißt es im Deutschen? Verbinden Sie die Sprichwörter.*

1. Easy come, easy go.	___	**A** Wer zuerst kommt, mahlt zuerst.
2. Once bitten, twice shy.	___	**B** Ohne Fleiß kein Preis.
3. No pain, no gain.	___	**C** Gebranntes Kind scheut das Feuer.
4. First come, first served.	___	**D** Morgenstund hat Gold im Mund.
5. Out of sight, out of mind.	___	**E** Wie gewonnen, so zerronnen.
6. The early bird catches the worm.	___	**F** Aus den Augen, aus dem Sinn.

WORTSCHATZ

ABC

63 *False friends* und Sprichwörter

False friends *(falsche Freunde)* sind Wörter, von denen man denkt, das man sie kennt, weil sie so ähnlich klingen oder geschrieben werden wie ein Wort aus der Muttersprache. Manchmal trifft das auch zu wie bei **garden** *(Garten)*, aber man kann damit auch völlig falsch liegen.

Ein paar klassische Beispiele:

sensible heißt *vernünftig*	und:	sensitive heißt *sensibel*
gift heißt *Geschenk*	und:	poison heißt *Gift*
rent heißt *Miete*	und:	pension heißt *Rente*
tablet heißt *Tablette*	und:	tray heißt *Tablett*
dates sind *Verabredungen*	und:	data sind *Daten*

Beim Vergleich von *Sprichwörtern* (**proverbs**) kann man auch interessante Parallelen und Verschiedenheiten erkennen, z. B.:

Don't judge a book by its cover	Der Schein trügt. *(Beurteile ein Buch nicht nach seinem Umschlag.)*
You can't teach an old dog new tricks.	Was Hänschen nicht lernt, lernt Hans nimmermehr. *(Man kann einem alten Hund keine neuen Tricks beibrin gen.)*
Don't make a mountain out of a mole hill.	Mach aus einer Mücke keinen Elefanten. *(Mach keinen Berg aus einem Maulwurfshügel.)*

LÖSUNGEN:

a) **1.** b), **2.** a), **3.** c), **4.** c), **5.** c), **6.** b); b) **1.** E, **2.** C, **3.** B, **4.** A, **5.** F, **6.** D

64 If I were a millionaire, ...

a Vervollständigen Sie die If-Sätze vom Typ I.*

1. If I pass the exam, I ________________ (have) a party.
2. If Lucy doesn't come, Nick ________________ (be) very sad.
3. I ________________ (tell) Mum if you don't stop shouting.
4. If our class ________________ (be) loud again, we'll write a test.

b Verbinden Sie die If-Sätze vom Typ I, II und III. Achten Sie auf die richtige Kombination der Zeiten!**

1. If I missed a date,	___	A	I would give up my job.
2. If we have internet access,	___	B	I would have warned you.
3. If I won the jackpot,	___	C	Mum would do it for me.
4. If I didn't do the ironing,	___	D	I won't join it either.
5. If I had been informed,	___	E	we'll send you an e-mail.
6. If the hotel has a tennis court,	___	F	I would apologize.
7. If you don't join the club,	___	G	you wouldn't have seen his crazy haircut.
8. If you hadn't met Joe,	___	H	we'll play every day.

64 *If*-Sätze

Es gibt drei Typen von If-Sätzen.

Typ I
Im If-Satz steht **present simple**, im Hauptsatz **will future**.

If it rains, I'll take the bus.	*Wenn es regnet, nehme ich den Bus.*

Typ II
Im If-Satz steht **past simple**, im Hauptsatz **would + Grundform**.

If it rained, I would take the bus.	*Wenn es regnen würde, würde ich den Bus nehmen.*

Typ III
Im If-Satz steht **past perfect**, im Hauptsatz **would have + 3. Form.**

If it had rained, I would have taken the bus.	*Wenn es geregnet hätte, hätte ich den Bus genommen.*

Der If-Satz kann am Anfang stehen, aber auch am Ende. Die Regeln bleiben gleich. Steht er vorne, folgt ihm ein Komma.

If you come, I'll be happy.	*Wenn du kommst, freue ich mich.*
I'll be happy if you come.	*Ich freue mich, wenn du kommst.*

Aufpassen!
1. Richten Sie sich beim Bilden von If-Sätzen **nicht** nach dem Deutschen, sondern nach den Regeln!
2. Im If-Satz **niemals** ein **would** verwenden!

LÖSUNGEN:

a) **1.** will/'ll have , **2.** will be, **3.** will/'ll tell, **4.** is; b) **1.** F, **2.** E, **3.** A, **4.** C, **5.** B, **6.** H, **7.** D, **8**. G

65 This page must be read!

a Beenden Sie diese Passivsätze.*

1. Dogs must be kept on a leash.

   Hunde müssen an der Leine ______________________.

2. Your mobiles should be switched off.

   Ihre Handys sollten ______________________.

3. These toilets cannot be used.

   Diese Toiletten können nicht ______________________.

b Setzen Sie die Verben ins **past simple** des Passivs.**

1. This museum ________________ (build) in 1975.
2. A lot of money ________________ (steal) from the bank.
3. Sally ________________ (give) a pay rise last month.
4. Your money ________________ (transfer) on the 13th June.
5. These B&Bs ________________ (recommend) to us last year.
6. Sorry, but your shoes ________________ (throw) away last week.
7. This essay ________________ (write) by a woman.
8. The exhibition ________________ (not open) on the 1st May.

65 Das Passiv

Beim Passiv steht die Handlung im Vordergrund, nicht die handelnde Person! Das Passiv kann in allen Zeiten gebildet werden.

Das Passiv wird gebildet mit einer Form von **be + 3. Form**:

You are/you're examined.	*Du wirst untersucht.*
You are/you're picked up.	*Ihr werdet abgeholt.*
They are/they're cleaned.	*Sie werden gereinigt.*
I was called.	*Ich wurde gerufen.*
We were taught.	*Wir wurden unterrichtet.*
You will/You'll be examined.	*Du wirst untersucht werden.*

Möchte man die handelnde Person betonen oder nennen, fügt man sie am Ende des Satzes mit **by** an.

We were taught by an American. (past simple)	*Wir wurden von einem Amerikaner unterrichtet.*

Achten Sie auf die deutsche Übersetzung mit werden!

I am never hit by my sister.	*Ich werde von meiner Schwester nie geschlagen.* → Passiv (present simple)
I'll hit my sister.	*Ich werde meine Schwester schlagen.* → Aktiv (will future)

LÖSUNGEN:

a) **1.** gehalten werden, **2.** ausgeschaltet werden, **3.** benutzt werden; b) **1.** was built, **2.** was stolen, **3.** was given, **4.** was transferred, **5.** were recommended, **6.** were thrown, **7.** was written, **8.** was not opened

66 Did you pass your GCSEs?

a Welche Abschlüsse entsprechen in etwa einander?*

1. City and Guilds	___	**A** Mittlerer Schulabschluss
2. GCSE	___	**B** Gesellenprüfung
3. A-levels	___	**C** Berufsbegleitendes Fachabitur
4. NVQ	___	**D** Abitur

b Ordnen Sie die Begriffe aus der Box zu.**

result - education - to fail - well-educated - advanced - to hand in - exam - oral - written - mark - certificate- to pass - well done - apprenticeship

1. Schulbildung ______	**8.** einreichen ______
2. fortgeschritten ______	**9.** Lehre ______
3. Prüfung ______	**10.** mündlich ______
4. schriftlich ______	**11.** Note ______
5. Ergebnis ______	**12.** Zeugnis ______
6. gut ausgebildet ______	**13.** durchfallen ______
7. gut gemacht ______	**14.** bestehen ______

66 Bildungsabschlüsse in Großbritannien

GCSE - General Cerificate of Secondary Education
Jeder Schüler kann seine Schulzeit mit einem GCSE- Examen im Alter von ca. 16 Jahren beenden.

A-levels (Advanced Levels) werden Examen genannt, die man mit ca. 18 Jahren abschließen kann. Bei erfolgreichem Abschluss kann man anschließend eine Universität besuchen.

NVQ - National Vocational Qualification
Ab einem Alter von 14 Jahren kann man einen Job wählen, für den man ein NVQ Examen ablegen möchte. Man arbeitet während der Schulausbildung schon in dem Beruf.
vocational training, apprenticeship - *Lehre*

City and Guilds ist auch eine berufsbegleitende Ausbildung, mit der man allerdings ein höheres Niveau erreichen kann als bei einem NVQ. Sie erfolgt meistens nach einer abgeschlossenen Schulausbildung.

BA/Bsc - Bachelor of Arts/Bachelor of Sciences
(1. akademischer Grad an einer Hochschule)

MA/Msc - Master of Arts/Master of Sciences
(2. akademischer Grad an einer Hochschule)

PhD - Doctor of Philosophy (Doktortitel)
to do a PhD - *promovieren*

LÖSUNGEN:

a) **1.** C, **2.** A, 3. D, **4.** B; b) **1.** education, **2.** advanced, **3.** exam, **4.** written, **5.** result, **6.** well-educated, **7.** well done, **8.** to hand in, **9.** apprenticeship, **10.** oral, **11.** mark, **12.** certificate, **13.** to fail, **14.** to pass

67 Charly said that ...

Setzen Sie die folgenden Aussagen in die indirekte Rede.**

1. Charlie: "Sam passed his exam."

Charlie told us that Sam ____________________.

2. Nina: "Have you repaired my bike?"

Nina asked if I ____________________.

3. David: "I'm sorry."

David added that he ____________________.

4. Lucy: "I'll make breakfast tomorrow."

Lucy said that she ____________________.

5. Linda: "I don't feel like dancing today."

Linda explained that she ____________________.

6. Linus: "Did you phone Alex yesterday?"

Linus asked if I ____________________.

7. Julie: "Would you like to come over?"

Julie asked if I ____________________.

67 Indirekte Rede

Die indirekte Rede, im Englischen **indirect** oder **reported speech**, benutzt man, wenn man erzählen möchte, was jemand anders gesagt oder gefragt hat. Im Englischen kommt es meistens zu Zeitverschiebungen, wenn man statt direkter Rede indirekte Rede verwendet, z. B.:

direkte Rede	**indirekte Rede**	
present simple	wird zu	past simple
past simple	wird zu	past perfect
present perfect	wird zu	past perfect
past perfect	bleibt	past perfect
will	wird zu	would
would/could	bleibt	would/could
present continuous	wird zu	past continuous etc.

Kommt es zu einer Zeitverschiebung, muss der einleitende Satz im **past simple** stehen.

Paul said that ... *Paul sagte, dass ...*
Paul asked if ... *Paul fragte, ob ...*
Karen added/remarked etc. ... *Karen fügte hinzu/bemerkte ...*

Außerdem:

this	wird zu	that	yesterday	wird zu	the day before
these	wird zu	those	tomorrow	wird zu	the next day
here	wird zu	there	today/tonight	wird zu	that day/night

LÖSUNGEN:

1. had passed his exam., **2.** had repaired her bike., **3.** was sorry., **4.** would make breakfast the next day., **5.** didn't feel like dancing that day., **6.** had phoned Alex the day before., **7.** would like to come over

68 What did she tell you?

a Lesen Sie das Gespräch und unterstreichen Sie die Verben.*

1. Joe: Hi Kim. <u>Tell</u> me about your family meeting.
2. Kim: We met a lot of cousins and we had a lot of fun
3. Joe: What was the hotel like?
4. Kim: The hotel was very comfortable.
5. Joe: Are you going to meet again next year?
6. Kim: I don't know.

b Kim erzählt von dem Gespräch. Sie benutzt die indirekte Rede. Füllen Sie die Lücken. Achten Sie auf die Zeitverschiebung.**

Joe asked me <u>to tell</u> him about my family meeting.

I said that we (1) ______________ a lot of cousins and that we (2) ______________ a lot of fun.

He asked me what the hotel (3) ______________ like.

I answered that the hotel (4) ______________ very comfortable.

He asked if we (5) ______________ again next year.

I said that I (6) ______________.

68 Inhalt eines Gesprächs wiedergeben

Wenn Sie wiedergeben möchten, was Ihnen jemand erzählt hat, benutzen Sie im Englischen die indirekte Rede mit Zeitverschiebung. Eine genauere Erklärung dazu finden Sie im Kapitel „Indirekte Rede".

Sätze geben Sie wieder mit
He or she said that ... *Er/Sie hat gesagt, dass ...*

Fragen geben Sie wieder mit
He or she asked if ... *Er/Sie hat gefragt, ob ...*

Fragen mit Fragewörtern geben Sie wieder mit
He or she asked where/why ... *Er/Sie hat gefragt, wo/warum*

Aufforderungen geben Sie wieder mit
He or she asked me to ... *Er/Sie hat mich gebeten, ...*

Verbote geben Sie wieder mit
He or she asked me not to ... *Er/Sie hat mich gebeten ... nicht zu tun.*

Das Verb **ask** kann *fragen* und *bitten* heißen.

LÖSUNGEN:

a) **1.** Tell , **2.** met, had, **3.** was, **4.** was, **5.** are (you) going to meet, **6.** don't know b) **1.** had met, **2.** had had, **3.** had been, **4.** had been, **5.** were going to meet, **6.** didn't know

69 Do I have to do this exercise?

a Setzen Sie das richtige Modalverb ein.*

1. How many friends ________ *(dürfen)* I invite?
2. You ________ *(nicht können)* invite them all. Is 15 ok?
3. That's OK. We ________ *(brauchen)* some food and drinks.
4. I ________ *(können)* cook a lasagne. What's your job?
5. ________ *(müssen)* prepare the party room now.
6. What kind of drinks ________ *(sollen)* I buy?
7. You ________ *(nicht dürfen)* drink whisky, but beer is OK.
8. ________ *(können)* we borrow your CDs? - Great!

Übersetzen Sie die folgenden Sätze!**

b

1. Mario may go home. *Mario* ________________.
2. I must be fair. *Ich* ________________.
3. We needn't talk about it. *Wir* ________________.
4. Tom mustn't eat nuts. *Tom* ________________.
5. I don't have to cook. *Ich* ________________.

69 Muss ich? Kann ich? Oder darf ich?

Modalverben sind für alle Personen gleich. Sie sind Hilfsverben, können daher nie alleine im Satz stehen und unterstützen immer ein Vollverb. Bei verneinten Sätzen mit **must** gibt es einen Unterschied in der Bedeutung!

can	*können*	cannot/can't	*nicht können*
may	*dürfen*	may not, mustn't	*nicht dürfen*
shall	*sollen*	shall not/shan't	*nicht sollen*
need	*brauchen*	needn't, don't/doesn't have to	*nicht brauchen*
must	*müssen*	don't/doesn't have to	*nicht müssen*

Aufgepasst!
Must heißt *müssen*! **Mustn't** heißt *nicht dürfen*!
Don't/doesn't have to heißt *nicht müssen, nicht brauchen*!

May I open the window?	*Darf ich das Fenster öffnen?*
You needn't bring a cake.	*Du brauchst keinen Kuchen mitzubringen.*
I must phone Ben.	*Ich muss Ben anrufen.*
I don't have to phone Liz.	*Liz muss ich nicht anrufen.*
Do you have to stay at home?	*Musst du zu Hause bleiben?*

LÖSUNGEN:

a) **1.** may , **2.** can't, **3.** need, **4.** can, **5.** must, **6.** shall, **7.** mustn't/may not, **8.** Can; b) **1.** darf nach Hause gehen., **2.** muss fair sein., **3.** brauchen/müssen nicht darüber sprechen., **4.** darf keine Nüsse essen., **5.** muss nicht kochen.

70 I had to work overtime

a Verbinden Sie die richtigen Aussagen miteinander.*

1. I didn't have to go.	___	**A** Ich konnte gehen.
2. I was allowed to go.	___	**B** Ich durfte nicht gehen.
3. I was able to go.	___	**C** Ich werde gehen müssen.
4. I had to go	___	**D** Ich musste nicht gehen.
5. I wasn't allowed to go.	___	**E** Ich konnte nicht gehen.
6. I won't be able to go.	___	**F** Ich werde nicht gehen können.
7. I'll have to go.	___	**G** Ich musste gehen.
8. I wasn't able to go.	___	**H** Ich durfte gehen.

b Bilden Sie die Zeiten mit den Ersatzformen der Modalverben.**

1. (must sleep) past simple:	Zoe ______________ in a hotel.
2. (may use) will future:	Rob ______________ the car.
3. (mustn't wake) past simple:	We ______________.
4. (can catch) past perfect:	I ______________ the bus.
5. (can't come) past simple	He ______________ to my party.

70 Modalverben und Ersatzformen

Modalverben (z. B. **can, may, must, need, shall**) sind Hilfsverben, die es nur im **present simple** gibt. Braucht man sie in einer anderen Zeit, benötigt man Ersatzformen.

		Ersatzform	**verneinte Ersatzform**
can	*können*	to be able to	to not be able to
may	*dürfen*	to be allowed to	to not be allowed to
needn't	*nicht brauchen*	-	to not have to
must	*müssen*	had to	to not have to
mustn't	*nicht dürfen*	-	to not be allowed to

Man muss also nur alle Zeiten und Verneinungen der Verben **be** und **have** kennen, um die Ersatzformen bilden zu können.

Im **past simple** hat man für **can** zwei Möglichkeiten:

I **could** visit her. *Ich konnte sie besuchen.*

I **was able to** visit her. *Ich konnte sie besuchen*

LÖSUNGEN:

a) **1.** D , **2.** H, **3.** A, **4.** G, **5.** B, **6.** F, **7.** C, **8.** E; b) **1.** had to sleep, **2.** will be allowed to use, **3.** weren't allowed to wake, **4.** had been able to catch, **5.** couldn't come/wasn't able to come

71 Is it petrol or gas?

Vervollständigen Sie die Tabelle.**

	German	British English	American English
1.	Autobahn	motorway	______
2.	______	purse	wallet
3.	Smoking	______	tuxedo
4.	Herrentoilette	______	men's room
5.	______	petrol	gas
6.	Keks	biscuit	______
7.	Wohnung	______	apartment
8.	______	rubbish	garbage
9.	Ferien, Urlaub	______	vacation
10.	Verkäufer(in)	______	salesperson, sales clerk
11.	______	pupil	student
12.	______	waistcoat	vest

71 *British English (BE)* und *American English (AE)*

Als das Englische im 19. Jahrhundert als Sprache der Verständigung von verschiedenen Einwanderern in den USA genutzt wurde, ergaben sich in der Schreibweise einige Vereinfachungen, aber auch neue Wortschöpfungen.

Die wichtigsten Vereinfachungen:

BE	**AE**	**D**
theatre, centre, metre	theater, center, meter	*Theater, Zentrum, Meter*
programme	program	*Programm*
colour, favourite	color, favorite	*Farbe, Lieblings-*

Neue Wörter:

BE	**AE**	**D**
toilet	bathroom, restroom	*Toilette*
underground	subway	*U-Bahn*
cloakroom	coat check	*Garderobe*
crisps	chips	*Kartoffelchips*
chips	(French) fries	*Pommes frites*
trousers	pants	*Hose*
pants	underwear	*Unterhose*

LÖSUNGEN:

1. freeway, highway, **2.** Geldbeutel, **3.** dinner jacket, **4.** Gents, **5.** Benzin, **6.** cookie, **7.** flat, **8.** Müll, **9.** holiday, **10.** shop assistant, **11.** Schüler(in), **12.** Weste

Wortverzeichnis

A

a lot of	*viele*
accident	*Unfall*
account	*Konto*
activity	*Beschäftigung*
add	*hinzufügen*
advanced	*fortgeschritten*
advice	*Ratschlag*
afternoon	*Nachmittag*
again	*wieder*
all day	*den ganzen Tag*
allowed	*erlaubt*
alone	*allein*
already	*schon*
always	*immer*
ambulance	*Krankenwagen*
American	*Amerikaner(in), amerikanisch*
antibiotics	*Antibiotika*
apologize	*entschuldigen*
application	*Bewerbung*
apply for	*sich bewerben für*
appointment	*Verabredung, Termin*
apprenticeship	*Lehre*
argue	*streiten*
arrive	*ankommen*
ask	*fragen; bitten*
Austria	*Österreich*

B

back	*zurück*
bacon	*Speck*
bad	*schlecht*
bake	*backen*
banknote	*Geldschein*
bar	*Tafel; Riegel*
be good at	*gut sein in*
bean	*Bohne*
become	*werden*
beef	*Rindfleisch*
beer	*Bier*
bike	*Fahrrad*
bill	*Rechnung*
bills	*Nebenkosten*
bird	*Vogel*
birthplace	*Geburtsort*
bitten	*gebissen*
blood	*Blut*
boots	*Stiefel*
boring	*langweilig*
born	*geboren*
borrow	*sich ausleihen*
both	*beide*
bottle	*Flasche*
bread	*Brot*
breakfast	*Frühstück*
break	*brechen*
bridge	*Brücke*
brother	*Bruder*
build	*bauen*
buy	*kaufen*

C

can	*Konservendose*
cancelled	*gestrichen*
capital	*Hauptstadt*
carton	*Tetrapak*
cash	*bar; Bargeld*
cash machine	*Geldautomat, Bankautomat*
cast	*besetzen*
castle	*Burg*
cat	*Katze*
catch	*fangen*
cathedral	*Kathedrale*
celebrate	*feiern*
certainly	*natürlich*
chair	*Stuhl*
change	*wechseln; Wechselgeld*
change for	*umsteigen nach*
cheap	*billig*
chess	*Schach*
chicken	*Hähnchenfleisch*
child	*Kind*
church	*Kirche*
circle	*Kreis*
coat	*Mantel*
coin	*Münze*

collage	*Collage*
colleague	*Kollege, Kollegin*
collect	*sammeln*
college	*College*
comfortable	*gemütlich*
common	*allgemein*
cook	*kochen*
corner	*Ecke*
cough	*Husten; husten*
cow	*Kuh*
crazy	*verrückt*
crisps	*Kartoffelchips*
cup	*Tasse*
cut	*schneiden*
cute	*süß, niedlich*

D

dairy (produce)	*Milchprodukte*
damage	*beschädigen*
date	*Datum; Verabredung*
daughter	*Tochter*
dead end	*Sackgasse*
debt	*Schulden*
declare	*verzollen*
decorate	*dekorieren*
degree	*Grad*
delayed	*verspätet*
delete	*löschen*
delicious	*lecker, köstlich*
depart	*abfahren*
desk	*Schreibtisch*
dessert	*Nachtisch*
destination	*Reiseziel*
difficult	*schwierig*
dog	*Hund*
double room	*Doppelzimmer*
drive	*fahren*
driving licence	*Führerschein*
during	*während*

E

ear infection	*Ohrenentzündung*
early	*früh*
easy	*leicht*
egg	*Ei*
emergency	*Notfall*
energy	*Energie*
enjoy	*genießen*
enough	*genug*
enter	*eintreten*
escalator	*Rolltreppe*
event	*Ereignis*
ever	*jemals, schon mal*
everybody	*jeder*
everything	*alles*
exercise	*Übung*
exhausted	*erschöpft*
exhibition	*Ausstellung*
exit	*Ausgang*
expensive	*teuer*
experiense	*Erfahrung*
expert	*Experte, Expertin*
explain	*erklären*

F

fact	*Tatsache, Fakt*
fail	*durchfallen*
family	*Familie*
famous	*berühmt*
fast	*schnell*
fasten	*anschnallen*
favour	*Gefallen*
favourite	*Lieblings-*
ferry	*Fähre*
first	*zuerst*
fit	*passen*
flat	*Wohnung*
flight	*Flug*
flu	*Grippe*
foot	*Fuß*
foreigner	*Ausländer(in)*
freetime	*Freizeit*
fridge	*Kühlschrank*
fried	*gebraten*
friend	*Freund(in)*
fruit	*Obst*
fully booked	*komplett ausgebucht*

G

gain	*Gewinn*
get up	*aufstehen*
go	*gehen*
goalkeeper	*Torwart*
grandchildren	*Enkel*
great	*toll, großartig*

H

haircut	*Haarschnitt*
half	*halb*
ham	*Schinken*
hate	*hassen*
headache	*Kopfschmerzen*
healthy	*gesund*
heating	*Heizung*
heavy	*schwer; heftig*
hiking tour	*Wanderung*
hill	*Hügel*
hold	*halten*
hospital	*Krankenhaus*
house	*Haus*
hurt	*verletzen, weh tun*
husband	*Ehemann*

I

ill	*krank*
important	*wichtig*
inside	*innen*
interest	*Zinsen*
internet access	*Internetzugang*
introduce	*vorstellen*
invite	*einladen*
iron	*bügeln*

J

jam	*Marmelade*
join	*beitreten*
joke	*Witz*
just	*gerade*

K

keep	*halten*
kettle	*Wasserkessel*
kitchen	*Küche*
know	*wissen; kennen*

L

Ladies	*Damentoilette*
lake	*See*
late	*spät*
lately	*in letzter Zeit*
laugh	*lachen*
leave	*zurücklassen, verlassen*
left	*links*
leg	*Bein*
lend sb. sth.	*jdm. etw. leihen*
lesson	*Unterrichtsstunde*
let	*lassen, hinterlassen; vermieten*
letter	*Brief*
lie	*lügen*
like	*mögen*
list	*Liste*
listen	*zuhören*
loaf	*Laib*
loan	*Darlehen*
look for	*suchen*
lose	*verlieren*
loud	*laut*
love	*lieben*
luggage	*Gepäck*

M

make	*machen*
married	*verheiratet*
may	*dürfen*
meal	*Mahlzeit*
mean	*bedeuten*
meat	*Fleisch*
meet	*treffen*
member	*Mitglied*
mind	*Gedächtnis*
miss	*verpassen; vermissen*
mobile (phone)	*Handy*
moment	*Moment*
mountain	*Berg*

mow *mähen*
mug *Becher*
Munich *München*
mushroom *Champignon*

N

need *brauchen*
neighbour *Nachbar(in)*
never *nie*
nice *nett, schön*
niece *Nichte*
not ... either *auch nicht ...*
notice *bemerken*
now *jetzt*
nut *Nuss*

O

offer *anbieten*
office *Büro*
often *oft*
once *einmal*
one-way street *Einbahnstraße*
onion *Zwiebel*
oral *mündlich*
orange juice *Orangensaft*
order *Bestellung*
overdrawn *überzogen*
overtime *Überstunden*
overwhelmed *überwältigt*

P

pain *Schmerz*
painkiller *Schmerzmittel*
part *Teil*
part-time *Teilzeit, halbtags*
pass *bestehen*
past *nach*
pay *bezahlen*
pay rise *Gehaltserhöhung*
people *Leute*
per *pro*
perfume *Parfüm*
permission *Erlaubnis*
person *Person*
pet *Haustier*
petrol *Benzin*
piano *Klavier*
pick sb. up *jdn. abholen*
pill *Tablette*
plane *Flugzeug*
plant *pflanzen*
plaster *Pflaster*
plough *pflügen*
plug *hineinstecken*
Poland *Polen*
police constable *Polizist(in)*
polite *höflich*
politician *Politiker(in)*
popular *beliebt*
pork *Schweinefleisch*
poultry *Geflügel*
prefer *bevorzugen*
prepare *vorbereiten*
present *Geschenk*
print *drucken*
procedure *Vorgehensweise*
pub *Kneipe*
pull *ziehen*
pupil *Schüler(in)*
purse *Geldbeutel*
push *drücken*
put on *anschalten*
put sb. through *jdn. verbinden*

Q

quarter *Viertel*
question *Frage*
quick *schnell*
quiet *ruhig*
quite *ziemlich; ganz*

R

rare *roh; blutig*
reach *erreichen*
read *lesen*
really *wirklich*
recipe *Rezept*
recommend *empfehlen*
regular *regelmäßig*
renovate *renovieren*

rent	*mieten*
result	*Ergebnis*
return	*zurückkehren*
Rhine	*Rhein*
right	*rechts*
river	*Fluss*
robber	*Räuber(in)*
rock climbing	*klettern*
roof	*Dach*
royal	*königlich*
rubbish	*Müll*

S

sad	*traurig*
salt	*Salz*
sausage	*Würstchen*
save	*sparen; retten*
savings	*Ersparnisse*
saw	*sägen*
sea	*Meer*
seat belt	*Sicherheitsgurt*
serve	*servieren*
shape	*Gestalt*
shine	*scheinen*
ship	*Schiff*
shout	*schreien*
shower	*Dusche; Schauer*
shy	*schüchtern*
sight	*Sicht*
since	*seit*
single room	*Einzelzimmer*
sink	*sinken*
sister	*Schwester*
size	*Größe*
skill	*Fähigkeit*
slightly	*leicht*
slow	*langsam*
snake	*Schlange*
snooker	*Billard*
sometimes	*manchmal*
son	*Sohn*
soup	*Suppe*
sow	*säen*
spare	*erübrigen*
special offer	*Sonderangebot*
spell	*buchstabieren*
spend	*verbringen*
stairs	*Treppe*
starter	*Vorspeise*
steal	*stehlen*
stomach	*Magen*
stone	*Stein*
store	*Geschäft*
straight on	*geradeaus*
strawberry	*Erdbeere*
style	*Stil*
suit	*Anzug*
support	*unterstützen*
surname	*Nachname*
Sweden	*Schweden*
sweets	*Bonbons*
switch off	*ausschalten*

T

take	*nehmen*
talent	*Fähigkeit*
talk	*sich unterhalten*
tell	*erzählen*
terrible	*schrecklich*
the Alps	*die Alpen*
through	*durch*
throughway	*Durchgang*
throw	*werfen*
thunder	*Gewitter*
time	*Zeit*
tin	*Konservenbüchse*
today	*heute*
tomato	*Tomate*
tomorrow	*morgen*
tonight	*heute Abend*
too	*zu; auch*
train	*Zug*
transfer	*überweisen*
translate	*übersetzen*
trip	*Reise*
trout	*Forelle*
true	*wahr*
truth	*Wahrheit*
tuna	*Thunfisch*
turkey	*Truthahn*

Turkey	*Türkei*
turn	*abbiegen; umdrehen*
twice	*zweimal*

U

uncle	*Onkel*
understand	*verstehen*
undo	*rückgängig machen*
unemployed	*arbeitslos*
unfurnished	*nicht möbliert*
upset	*entsetzt, verstimmt*
use	*benutzen, gebrauchen*
usually	*normalerweise*

V

vegetables	*Gemüse*
vet	*Tierarzt, Tierärztin*
village	*Dorf*

W

waistcoat	*Weste*
walk	*zu Fuß gehen*
wallet	*Geldbeutel*
want	*wollen*
watch	*schauen*
wear	*(Kleidung) tragen*
weather	*Wetter*
weekend	*Wochenende*
weight	*Gewicht*
well	*gut*
what	*was*
when	*wann*
where	*wo*
while	*während*
why	*warum*
wife	*Ehefrau*
withdraw	*abheben*
woman	*Frau*
work	*arbeiten; funktionieren*
worm	*Wurm*
wrap	*einpacken*
write	*schreiben*
written	*schriftlich*

Y

yesterday	*gestern*
young	*jung*

Seite 21, Übung 7b: alle 1. PONS GmbH • **Seite 27**, Übung 10: 1. istockphoto.com/ Oleksandr Gumerov, 2. istockphoto.com/ Joey Nelson, 3. istockphoto.com/ Maartje van Caspel, 4. istockphoto.com/ Lise Gagne • **Seite 29**: shutterstock.com/Radoslaw Korga • **Seite 41**, Übung 17: 1. istockphoto.com/ Ramsey Blacklock, 2. istockphoto.com/ Rob Bouwman, 3. istockphoto.com/ Hazlan Abdul Hakim, 4. istockphoto.com/ Douglas Freer, 5. istockphoto.com/ Wouter van Caspel, 6. Julie Lam, 7. istockphoto.com/ Sonja Foos, 8. istockphoto.com/ Lise Gagne, 9. istockphoto.com/ kreicher • **Seite 43**, Übung 18b: 1. fotolia.de/ Joe Gough, 2. fotolia.de/ hilaryrivers, 3. shutterstock.com/ Jim Barber • **Seite 49**, Britta Anders • **Seite 65**, Übung 29b: 1. shutterstock.com/ Evangelos, 2. fotolia.de/ Alx, 3. shutterstock.com/ Karkas, 4. shutterstock.com/ Kayros Studio „Be Happy!", 5. shutterstock.com/ mimo, 6. fotolia.de/ esanbanhao • **Seite 67**, Übung 30a: 1 . shutterstock.com/ Alexander Raths, 2. shutterstock.com/ Vitalii Nesterchuk, 3. istockphoto.com/ Oleg Prikhodko, 4. shutterstock.com/ holbox • **Seite 75**, Übung 34a: 1. shutterstock.com/ Stanislav V., 2. shutterstock.com/ Robert J. Beyers II, 3. shutterstock.com/ Arcady • **Seite 79**, Übung 36: links fotolia.de/ gerald schilling, rechts shutterstock.com/ Andre Blais • **Seite 103**, Übung 48b: 1. fotolia.de/ Oleksandr Kalyna, 2. fotolia.de/ Oleksandr Kalyna, 3. fotolia.de/ Oleksandr Kalyna • **Seite 107**, Übung 50: 1. istockphoto.com/ Rob Bouwman, 2. Olga Krissa, 3. Martine Reijnders, 4. istockphoto.com/ Rob Bouwman, 5. Britta Anders, 6. istockphoto.com/ Robert Simon • **Seite 131**, Übung 62a: 5 . fotolia.de/ ikophotos, 6. fotolia.de/ Andrea Leone, 7. fotolia.de/ Kirsty Pargeter

NOTIZEN

Ein Bild sagt mehr als 1.000 Worte!

ISBN: 978-3-12-562685-0
[D] 17,99 € **[A]** 18,50 €

- Grammatik kann schön sein! Gehen Sie angstfrei an Themen heran, von denen Sie immer dachten, dass Sie sie nie verstehen werden.
- Komplexe und „trockene" Regeln werden übersichtlich und einfach dargestellt.
- Mit visuellen Darstellungen, wie z. B. Bildern und Grafiken, prägen sich selbst schwierige Themen ein.

Niveau A1 - B2

Für Anfänger (A1) und Fortgeschrittene (B2).

PONS
www.pons.de